당신의 '골든 타임'을
응원합니다!

박 종훈

부의 골든타임

부의 골든타임

팬데믹 버블 속에서 부를 키우는 투자 전략

Money, Cycles and Chance

박종훈 지음

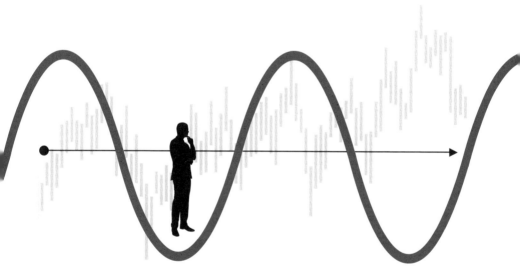

ＩNFLUENTIAL
인 플 루 엔 셜

일러두기

1. 이 책은 국립국어원의 표준어 규정 및 외래어 표기법을 따르되, 일부 인명, 기업명은 실제 발음을
   따른 경우가 있다.
2. 단행본은 《 》로, 신문, 잡지 등은 〈 〉로 표기했다.
3. 이 책에서 언급한 최신 경제 관련 수치는 2020년 9월 기준까지 반영되어 있다. 가장 최신의 수치
   는 저자가 참고한 각 웹페이지(주에서 소개)를 참고하기 바란다.

공포와 기회가 공존하는 포스트 코로나, 연준과 부채 사이클에 주목하라

연준은 왜 버블을 키우는가

2020년 3월 26일, 아침부터 미국 월가에는 긴장감이 돌고 있었다. 미국 주가가 연일 폭락하는 상황에서 코로나19 사태의 여파를 보여주는 대표적인 지표인 3월 셋째 주 실업수당 신청 건수 통계가 발표되는 날이었기 때문이다. 당시 시장은 팬데믹 직전의 28만 건보다 훨씬 늘어난 100만~200만 건 정도의 실업수당 신청이 있었을 것으로 예상하고 있었다.

그런데 당시 발표된 실업수당 신청 건수는 무려 328만 건으로,

2008년 글로벌 금융 위기는 물론이고, 1967년 이 통계를 집계하기 시작한 이후 최악의 수치였다. 2월 말부터 시작된 코로나19 확산으로 가뜩이나 주가가 폭락한 상황에서 이 같은 충격적인 지표가 발표되면 시장은 혼란을 넘어, 마비 상태에 빠질 것이 불을 보듯 뻔한 일이었다.

이를 예견이라도 한 듯 당일 아침 이 통계가 나오기 직전에 미국 연방준비제도이사회Federal Reserve Board, Fed(이하 연준)의 의장 제롬 파월Jerome Powell은 연준 의장으로서는 이례적으로 미국의 지상파 방송인 NBC와 인터뷰를 갖고 자신에 찬 목소리로 "코로나19 때문에 신용 경색이 발생하지 않도록 강력한 노력을 기울일 것이며, 연준의 실탄ammunition은 결코 바닥나지 않을 것"이라고 시장을 안심시켰다.

전례 없이 파격적인 연준 의장의 TV 인터뷰가 효과를 발휘했는지, 최악의 실업수당 통계가 나온 바로 그날도 미국의 주가는 극적인 상승세를 보였다. 그리고 미국은 물론 대부분의 국가에서 주가가 거침없이 치솟아오르기 시작하면서 '감히 연준에 맞서지 말라Don't Fight the Fed'는 말이 금과옥조金科玉條처럼 통용되고, 전 세계 시장은 오직 연준 의장의 입만 바라보게 되었다.

사실 2020년 3월 한 달 동안 연준이 쏟아낸 정책은 의장의 첫 TV 인터뷰와는 비교할 수 없을 정도로 훨씬 더 파격적이었다. 연준은 3월 3일과 15일 두 차례에 걸쳐 기습적인 긴급회의를 소집하고 기준금리를 제로금리 수준으로 낮추었다. 그런데도 금융시장

불안과 주가 폭락이 계속되자 2008년 처음 도입했던 '양적완화 quantitative easing'라는 신무기를 다시 한 번 꺼내들었다.

하지만 이 같은 정책 패키지로도 추락하던 금융시장을 반전시키지 못하자 신용도가 높은 투자등급 회사채를 사들이겠다고 선언한 것은 물론, 신용도가 떨어져 투기등급으로 전락한 기업의 회사채, 이른바 '타락천사fallen angel'(회사채를 발행할 때는 투자등급이었다가 신용도 하락으로 투기등급으로 강등당한 회사채)로 불리는 채권까지 우회적으로 사들이는 미증유의 정책까지 내놓았다. 부도가 나서 국민에게 손실을 끼칠 수 있는 자산을 사들여서는 안 된다는 연준의 오랜 불문율마저 깬 것이다.

실제로 연준은 미 연방정부와 함께 이름조차 나열하기 어려울 정도로 수많은 경기 부양책을 마치 융단폭격하듯 쏟아냈다. 아래 열거한 경기 부양책은 연준과 미 연방정부가 코로나19를 극복하겠다며 내놓은 정책의 극히 일부다.

환율안정기금, ESF Exchange Stabilization Fund

발행시장 기업신용기구, PMCCF Primary Market Corporate Credit Facility

유통시장 기업신용기구, SMCCF Secondary Market Corporate Credit Facility

자산담보부증권 대출기구, TALF Term Asset-Backed Securities Loan Facility

머니마켓 뮤추얼펀드 유동성 기구, MMLF Money Market Mutual Fund Liquidity Facility

기업어음매입기구, CPFF Commercial Paper Funding Facility

연준이 온갖 부양책을 융단폭격처럼 쏟아내자 미국뿐만 아니라 한국 등 주요국의 증시가 동반 상승을 시작했다. 게다가 중간중간 고비가 나타날 때마다 기다렸다는 듯이 연준이 추가적인 부양책을 내놓은 덕분에 전 세계 주요국의 자산 가격은 단순한 반등 수준을 넘어 그 끝을 모를 정도로 한없이 치솟아 올랐다. 이른바 '팬데믹 버블'은 이렇게 몸집을 키웠다.

하지만 아무리 연준이 부양책을 쏟아내도 자산 가격만 오를 뿐, 실물경제가 살아나지 않자 실물과 자산 가격 간의 괴리가 점점 더 커져갔다. 그러자 2020년 2분기 이후 수많은 증시 전문가들이 곧 실물을 따라 증시가 큰 폭의 조정을 받을 것이라고 장담하는 경우가 많아졌다. 그러나 이를 비웃기라도 하듯 미국의 S&P 500지수나 나스닥 지수는 2020년 9월 조정장이 시작되기 직전까지 사상 최고치 행진을 이어갔다.

이처럼 연준이 돈의 힘으로 끌어올린 '팬데믹 버블'과 코로나19가 끌어내리고 있는 실물경제 사이에 펼쳐진 커다란 간극에서 위태로운 시대를 살아가야 하는 2021년은 그 어느 때보다도 공포와 기회가 공존하게 될 것이다. 또한 이 부조화 속에서 펼쳐질 거대한 '부의 지각변동'에 우리가 어떻게 대처하느냐에 따라 2021년에는 최악의 위기를 맞을 수도, 또 대역전의 골든타임을 거머쥘 수도 있을 것이다.

연준이 연장시킨 버블의 정점, 사이클 속에 '부의 타이밍' 있다

지금까지 세계경제는 대체로 8~12년을 주기로 부채 사이클을 겪으며 성장해왔다. 하나의 부채 사이클은 불황을 딛고 실물경제 회복과 함께 시작되는 1단계 골디락스goldilocks, 부채가 급증하며 호황의 절정으로 달려가는 2단계 버블, 자산 가격 급락과 경제 위기가 동반되는 3단계 버블 붕괴, 그리고 부채가 해소되는 4단계 불황으로 이어진다.

특히 2단계인 버블과 3단계인 버블 붕괴 사이에는 부의 미래를 가르는 지각변동이 일어나기 때문에 '부의 골든타임'을 꿈꾸는 이들에게 결정적인 기회가 주어진다. 세계대공황 회복기에 주가가 1달러 밑으로 폭락한 종목들을 매입해 공격적 투자에 나선 전설적인 투자자 존 템플턴John Templeton이나, 코로나19로 촉발된 폭락장에 대비해 큰 돈을 번 퍼싱스퀘어캐피털 회장 빌 애크먼William A. Ackman도 이 같은 기회를 적극적으로 활용한 대표적인 사례다.

부의 지각변동이 시작되는 부채 사이클의 변곡점은 개개인의 포트폴리오는 물론 금융 당국에게도 매우 중요한 시기라고 할 수 있다. 1987년 검은 월요일Black Monday 사태가 금융 당국이 적절히 대처한 대표적 사례라면, 금융 당국이 최악의 실패로 경제를 나락으로 끌고 내려간 대표적인 사례는 바로 1929년의 세계대공황이라고 할 수 있다.

세계대공황에서 쓰디쓴 경험을 한 미국 연준은 버블이 절정에 가까워지면 선제적으로 기준금리를 인상하고 돈줄을 죄어 버블 붕괴의 파괴력을 미리 낮추고, 동시에 정책적 여력을 확보해놓는 전략을 써왔다. 덕분에 기준금리가 인상될 때 신흥국이 위기를 겪는 경우는 종종 있었지만, 미국이 위기의 진원지가 되는 경우는 극히 드물었다.

하지만 2000년 닷컴 버블이 붕괴된 이후 연준은 선제적으로 금융시장을 안정시키기는커녕 스스로 버블을 조장해왔다. 게다가 2008년 글로벌 금융 위기 이후에는 더 큰 버블을 일으켜 버블 붕괴를 막는 임기응변으로 전환했고, 2020년 코로나19 사태까지 일어나자 온갖 기상천외한 방법으로 버블을 부풀려 붕괴 단계를 지연시키는 전형적인 '님티NIMTE, Not In My Term'(내 임기만 아니면 된다는 뜻으로, 골치 아픈 문제를 당장 해결하지 않고 차기 정부로 떠넘기는 현상)정책으로 일관하고 있다.

이 때문에 앞으로 경제 향방을 가늠하려면 그동안 반복되어왔던 부채 사이클을 분명히 이해하고, 그 거대한 흐름을 홀로 막아선 연준의 역량을 정확하게 파악해야 한다. 또한 기축통화를 발행하는 연준이라도 결코 막을 수 없는 위협 요인은 무엇인지 찾아내야 한다. 그리고 이를 통해 질풍노도와도 같을 2020년대 초반의 격랑을 위기가 아닌 기회로 바꾸는 방법을 찾아볼 것이다.

이를 위해 1부에서는 8~12년 주기로 진행되어왔던 부채 사이클을 단계별로 소개할 것이다. 물론 개별 경제주체들의 경험이나 금융 당국의 대응에 따라 구체적인 부채 사이클의 진행 방향이 다소 달라질 수는 있지만, 부채 사이클은 부의 흐름을 한 발 먼저 읽을 수 있는 기본적인 순환 구조를 갖고 있기 때문에 무엇보다 먼저 이를 명확히 이해하는 것이 중요하다.

2부에서는 부채 사이클의 진행을 나 홀로 막아서고 있는 연준이 과거 어떤 배경에서 탄생했고, 어떻게 세계경제의 사령탑으로 성장해왔는지 알아볼 것이다. 이를 통해 세계경제와 금융시장의 마지막 버팀목 역할을 하고 있는 연준의 능력과 한계를 하나하나 점검해나갈 것이다.

3부에서는 연준이 제아무리 돈을 찍어내도 결코 막을 수 없는 주요 변수들을 확인해볼 것이다. 연준이 기축통화인 달러를 무제한 찍어내 시장을 부양하고 있지만, 연준이라도 막을 수 없는, 그 정책적 효과를 무력화시킬 수 있는 요인은 여전히 남아 있다는 점을 명심해야 한다.

4부에서는 연준이 만든 마지막 화려한 버블의 불꽃과 그 뒤에 찾아올 버블 붕괴 단계를 자신의 기회로 삼는 전략을 소개할 것이다. 불황과 연준의 힘겨루기가 계속되는 한, 경기변동성이 극단적으로 높아질 가능성이 큰 만큼 최대한 위험을 통제하면서 부를 쌓을 기회로 활용해야 한다.

1부

세계경제를 뒤흔드는
부채 사이클의 이해

그리스 신화의 한 장면으로 시작해보자. 지하 세계의 신 하데스가 어느 날 지상을 구경 나왔다가 꽃밭을 거닐던 페르세포네를 보고 첫눈에 반했다. 그러나 그녀의 어머니인 대지의 여신 데메테르가 결혼을 반대할 것이 뻔했기 때문에 하데스는 페르세포네를 유인해 지하 세계로 납치했다.

뒤늦게 이 사실을 안 데메테르는 슬픔에 빠져 대지를 돌보지 못했다. 온 땅이 메마르고 작물은 더 이상 자라지 않아 인간들이 신전에 올릴 제사 음식조차 마련하지 못할 정도로 어려움에 처하자, 신들의 제왕 제우스는 전령의 신인 헤르메스를 하데스에게 보내 중재에 나섰다. 하데스는 의외로 순순히 페르세포네를 풀어주면서 대신 페르세포네에게 지하 세계의 음식인 석류를 권했다. 페르세포네는 긴장이 풀렸는지 하데스가 권한 석류 세 알을 먹었다.

어머니 데메테르와 감격의 상봉도 잠시, 페르세포네는 지하 세계의 음식을 먹은 자는 영원히 지하 세계를 벗어나지 못한다는 규칙 탓에 다시 지하 세계로 끌려갈 처지에 놓였다. 이에 격노한 데메테르가 항의하자 제우스는 페르세포네가 먹은 석류의 개수와 같은 3개월만 지하 세계에서 보내는 것으로 중재했다. 이후 대지의 여신 데메테르는 페르세포네가 지하 세계에 있는 석 달 동안은 슬픔에 잠겨 대지를 돌보지 않았다. 작물이 자라나지 않는 혹독한 겨울의 시작이었다. 그러다가 페르세포네가 돌아오면 대지를 돌보기 시작해 만물이 소생하는 봄을 거치고 뜨거운 여름을 지나 결실을 맺는 가을까지 사계절이 순환했다.

세계경제도 마치 사계절처럼 하나의 사이클을 그리며 순환 과정을 거쳐왔다. 한창 경기가 뜨겁게 달아오르는 호황의 정점에서 모두가 호황에 만취할 때쯤이면 어김없이 불황이 찾아왔다. 그리고 불황의 가장 깊은 골짜기에서 영원히 불황이 계속될 것같이 느낄 때면 따뜻한 경기회복의 온기가 시작되었다.

지금까지 이 같은 사이클을 다소 완화시킨 적은 있었지만 완전히 피한 적은 없었다. 이 때문에 과거 반복되어왔던 사이클의 진행 과정을 이해한다면 지금 부채 사이클이 어떤 단계에 와 있는지를 가늠할 수 있다. 특히 매번 반복되던 사이클과 다른 점까지 찾아낸다면 다음에 시작될 경제 변화에 한 발 먼저 대응할 소중한 기회를 잡을 수 있을 것이다.

1
무엇이 경기변동을
일으키는가

태양흑점이 줄어들면
경제 위기가 온다?

"태양의 흑점이 줄어들어서 곧 세계 금융시장을 뒤흔들 글로벌
금융 위기급의 충격이 시작될 것이다."

언뜻 들으면 점성술사의 예언 같지만, 이는 일본 중앙은행 출신
의 크레디트스위스Credit Suisse증권 이코노미스트 시라카와 히로미치
白川浩道 부회장의 2019년 10월 발언이다. 그는 태양흑점이 줄어드는
극소기에 접어들면 세계 금융시장에 엄청난 파장이 일어날 것이라
고 주장했다.

태양을 자세히 살펴보면 다른 부분보다 어두운 부분이 보인다. 바로 흑점이다. 태양 표면의 온도는 섭씨 6,000도인데 흑점의 온도는 섭씨 4,000도로 낮은 편이다. 태양흑점의 수가 늘어나 태양의 활동이 왕성해지면 호황이 시작되고 반대로 흑점이 줄어드는 극소기가 되면 불황이나 위기가 온다는 주장을 태양흑점설太陽黑點說이라고 부른다. 경기변동과 동떨어진 다소 엉뚱한 얘기 같지만 태양흑점설은 의외로 역사가 길다.

태양흑점설이 처음 등장한 것은 현대 경제학의 기초를 다진 석학 중에 한 명인 영국의 경제학자 제번스William S. Jevons에게까지 거슬러 올라간다. 그는 1879년 권위 있는 학술지인 〈네이처〉에 '경제공황과 태양흑점Commercial Crises and Sun-Spots'이라는 논문을 등재했다.[1] 그는 1701년부터 150년 동안 영국에서 일어난 열네 번의 경제 위기를 분석한 결과 태양흑점이 감소하면 지구 기후가 영향을 받아 곡물 생산량이 감소하고 불황이 찾아왔다고 주장했다.

그런데 우연히도 최근 세계경제의 불황이 10년 안팎의 주기로 찾아왔다. [그림1]은 태양흑점의 변화를 나타내는 그래프다. 태양흑점은 단기에도 폭발적으로 늘었다 줄었다를 반복하기 때문에 그 평균치를 실선으로 나타냈다.

태양 흑점을 과학적으로 관측하기 시작한 1755년부터 사이클마다 번호를 붙여왔다. 그런데 스물한 번째 사이클이 끝나 흑점 활동이 극소기에 접어든 직후인 1987년 10월 미국 증시가 폭락하는

그림1. 태양흑점 활동의 사이클

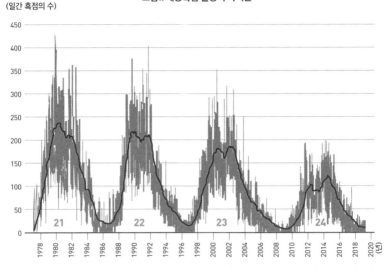

(일간 흑점의 수)

출처: Solar Influences Data Analysis Center (SIDC)

검은 월요일 사태가 일어났다. 당시 많은 경제학자들이 검은 월요
일 사태의 원인을 찾으려 했지만, 특별한 이유는 밝혀내지 못했다.

스물두 번째 사이클이 1996년 8월 극소기로 접어들었다가 끝난
직후인 1997년부터 태국, 말레이시아, 인도네시아 등 동남아에서
시작된 경제 위기가 그해 가을에는 한국까지 동아시아 전체로 번
져나갔다. 그리고 1998년 러시아 국가 부도 위기가 터지더니, 미국
에서는 롱텀캐피털매니지먼트Long-Term Capital Management, LTCM의 파산으
로 충격의 여파가 이어졌다.

스물세 번째 사이클이 끝난 2008년 12월에는 세계대공황 이

후 최악의 위기로 불리는 글로벌 금융 위기가 일어났다. 이처럼 하나의 솔라 사이클이 끝나 태양흑점이 거의 사라지는 극소기가 나타나면 1~2년 안에 경제 위기가 일어나는 현상이 반복되어왔다. 스물네 번째 솔라 사이클은 아직 진행 중이라 속단하기는 어렵지만 대체로 2020년이 극소기였을 것으로 보인다. 미 항공우주국NASA은 이번 극소기가 200년 만의 기록적인 극소기가 될 것으로 보고 있다.[2]

하지만 태양흑점의 감소가 경제 위기를 가져온다는 주장에는 아직 과학적 근거가 전혀 없다. 태양흑점이 지구 기후에 영향을 준다고 해도 농업이 가장 중요한 산업이었던 제번스 시대에나 경기변동을 일으키지, 이미 산업의 중심이 제조업과 서비스업으로 넘어간 현대 경제에서는 기후변화가 경기변동까지 일으킬 메커니즘이 없기 때문이다.

물론 언젠가는 태양흑점과 경기변동 사이의 인과관계가 밝혀질지 모른다. 하지만 아직까지는 명확한 과학적 근거가 없기에 주류 현대 경제학은 태양흑점설을 '허구적 회귀spurious regression의 오류'로 보고 있다. 허구적 회귀의 오류란 연관성 없는 자료들을 마치 의미가 있는 것처럼 착각하는 것을 뜻한다.

호황과 불황,
사이클 파동을 키우는 것은 결국 부채

경기변동에 대한 설명으로 태양흑점설까지 등장한 가장 큰 이유는 그동안 경기 사이클이 명백히 존재했음에도 이를 명쾌하게 설명할 경제적·이론적 토대가 없었기 때문이다. 특히 고전학파 경제학처럼 모든 변수는 수렴하고 경제는 언제나 완벽하게 작동한다고 가정해버리면 주기적으로 호황과 불황이 반복되어왔던 경기 사이클을 설명할 방법이 마땅히 없다.

그렇다면 태양흑점설이 나올 만큼 10년 정도의 주기로 경기 사이클이 일어난 이유는 무엇일까? 프랑스의 경제학자 클레망 쥐글라Joseph Clément Juglar는 그 이유를 설비투자의 변동으로 설명한다. 공급 혁신에 의한 투자와 고용 창출 그리고 소비 확대는 다시 투자로 이어지는 선순환을 보이다가 경쟁이 격화되면 불황이 시작된다는 주장이다.

구소련의 우파 경제학자 콘트라티에프Nikolai Kondratiev는 10년 주기의 쥐글라 파동을 확장해 45~60년 주기의 장기파동론을 제시했다. 그는 1929년 세계대공황도 이 같은 장기파동의 일환으로 해석했다. 하지만 세계대공황을 자본주의의 붕괴로 해석했던 구소련 공산당에 의해 시베리아로 유배되었고 그곳에서 소식이 끊기고 말았다.

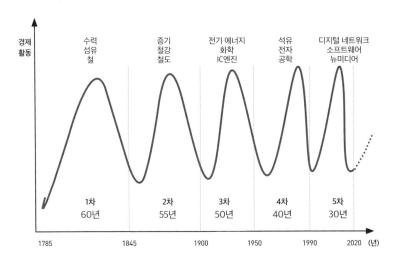

그림2. 슘페터의 장기파동론

이렇게 사라질 뻔했던 콘트라티에프의 파동 이론을 부활시킨 것은 오스트리아의 경제학자 조지프 슘페터Joseph A. Schumpeter였다. 슘페터는 기술혁신이 이 거대한 경기순환의 근본 원인이며, 이를 통해 경제뿐만 아니라 사회까지 광범위하게 변화한다고 주장하고, 이를 '콘트라티에프 파동'이라고 불렀다.

[그림2]에 나타난 슘페터의 장기파동론으로 살펴보면 1830년까지 경제를 이끌었던 증기기관 혁명에 따른 파동, 1880년까지 철도·철강 혁명에 따른 파동, 1930년 대공황 직전까지 전기 혁명에 따른 파동, 1970년까지 자동차·석유 혁명에 따른 파동, 최근까지 지속된 정보통신 혁명에 따른 파동 등 지금까지 모두 다섯 차례의 파

동이 있었다. 이미 4차 산업혁명과 함께 6차 파동이 시작됐다는 주장도 있지만 아직 명확히 확인된 바는 없다.

하지만 콘트라티에프 파동 역시 많은 비판을 받는다. 지금까지 장기파동이 존재했던 것은 많은 학자들도 인정하는 바이지만, 그 기간이 들쭉날쭉하고, 경계도 명확하지 않기 때문이다. 게다가 정부의 정책과 외부 요인에 의해 많은 영향을 받으며, 매번 다른 방식으로 전개되었기 때문에 과거의 파동이 앞으로도 똑같이 반복될 것이라고 단언하기도 어렵다.

노벨경제학상 수상자인 폴 크루그먼Paul Krugman 뉴욕대 교수는 경기 사이클을 복잡계 경제학Complexity Economics의 자기 조직화self-organization 이론으로 설명하고 있다.[3] 자기 조직화란 혼돈의 상황에서 내부적 요인들 사이의 상호작용으로 요동치며 일정한 패턴과 질서를 만들어내는 과정이다.[4]

경기순환을 자기 조직화의 과정으로 해석하면 호황이 시작될 때 기업은 설비투자를 늘리고 이에 따라 제품 생산이 증가하게 된다. 그 결과 고용과 소비가 늘어 다시 투자가 증가하는 자기 강화적self-reinforcement 현상이 나타난다. 이 과정에서 너도나도 돈을 빌려 소비와 투자에 나서기 때문에 빚이 급증하게 된다.

자산시장에서도 빚이 급증하는 자기 강화 현상이 일어난다. 너도나도 돈을 빌려 자산투자에 나서면 자산 가격이 폭등하고 그 결과 더 많은 사람이 빚을 내서 투자를 하게 되어 빚이 빚을 부르는 자기 강화 현상이 나타난다. 게다가 은행은 끝없이 치솟아 오르는 자산 가격을 믿고 더 많은 이윤을 위해 경쟁적으로 돈을 빌려준다.

이 과정에서 빚은 항상 우리의 상상을 초월할 정도로 늘어난다. 그러나 경제주체가 모두 감당할 수 없는 한계까지 돈을 빌리게 되면 더 이상 버는 돈으로 빚조차 갚을 수 없는 임계상태에 도달하게 된다. 이전 상황에서는 작은 외부 충격에도 취약해지기 때문에 어떤 요인에 의해서건 일단 균열이 일어나면 순식간에 버블 붕괴가 시작된다.

일단 불황이 시작되어 설비투자가 급감하면 생산량이 줄어들고 소득과 일자리가 감소해 설비투자가 더욱 줄어드는 자기 강화적 현상이 일어난다. 게다가 한계 기업들이 무너지기 시작하면 채권자가 기존 대출을 회수해 더 많은 기업들이 무너지고, 이는 신용경색을 낳고 대출 회수를 더욱 가속화한다.

게다가 자산시장에서도 자산 가격 하락을 가속화하는 자기 강화 현상이 일어난다. 일단 불황으로 은행이 대출을 회수하기 시작하면 한계 가구는 자산을 내다팔 수밖에 없고 자산 가격은 더욱 하락하게 된다. 그 결과 담보 여력이 약화되면 더 많은 가구가 대출 회수를 당하게 되고 이는 자산 가격 하락의 자기 강화적 악순환을 만든다.

그 결과 제번스의 태양흑점이나 슘페터의 기술혁신 같은 외생적

충격이 없어도 시장은 자기 강화적 요인만으로 경기 침체와 호황
이 반복되는 사이클을 겪게 된다. 다만 기업이나 가계의 대응 그리
고 정부 정책에 따라 순환 주기가 연장되거나 단축되기 때문에 경
기순환의 폭과 주기는 매번 조금씩 달라진다.

　이 같은 경기 사이클을 만들고 증폭시키는 핵심 매개체는 바로
부채이므로, 경기 사이클을 부채 사이클이라고도 부른다. 다음 장
에서는 부채 사이클을 4단계로 나누고 각 단계에서 자산시장이 어
떻게 변화해왔는지 살펴볼 것이다. 이를 통해 각 사이클에 대응하
는 방법을 모색해볼 것이다.

2
부채의 4단계 사이클
: 버블은 버블을 먹고 자라난다

　호황기의 빚은 경제성장을 가속화하는 고마운 존재다. 빚이 있기 때문에 혁신적인 아이디어를 가진 사람이 자신의 자본을 넘어 새로운 사업을 시작할 수 있고, 꼭 필요한 돈을 미리 당겨 쓸 수도 있다. 만일 부채가 존재하지 않았다면, 인류의 진보는 지금보다 훨씬 더뎠을 것이다.

　하지만 버블이 붕괴될 때의 빚은 자신이 평생 일군 소중한 자산을 송두리째 앗아갈 수도 있는 위험 요소다. 경제 전체적으로도 적정한 빚은 성장 속도를 가속화하지만, 경제가 감당할 수 없을 정도로 통제되지 않은 과도한 빚은 결국 시장의 붕괴를 촉발하고 한동안 성장 속도를 둔화시키는 위험 요소가 될 수 있다.

더구나 최근에는 금융시장의 국경이 사라지고 자본이 자유롭게 이동하면서 전 세계가 미국과 동일한 부채 사이클을 겪기 시작했다. 게다가 각국 중앙은행보다 연준의 영향력이 훨씬 더 커지면서 연준의 정책에 따라 세계 금융시장이 요동치는 현상이 나타나고 있다. 이 때문에 각국의 개별적인 경제 상황보다 미국의 부채 사이클이 더 중요해졌다.

그렇다면 미국의 부채 사이클은 어떻게 진행될까? 안타깝게도 아직까지는 부채 사이클의 원인을 완벽하게 분석하거나 부채 사이클이 언제 어떻게 변할지 정확히 예측할 수 있는 전문가는 없다. 다만 과거 부채 사이클의 흐름을 면밀히 살펴본다면 미래를 조금이나마 가늠해볼 수 있을 것이다.

이 책은 부채 사이클을 가장 현대적으로 해석한 폴 크루그먼 교수와 헤지펀드 제왕이라고 불리는 레이 달리오Ray Dalio 브리지워터 어소시에이츠 창업자,[5] 그리고 부채 사이클을 아날로그시계에 빗대어 설명한 매슈 킹Matthew King 시티그룹 채권투자전략부문 글로벌 헤드의 견해[6]를 참고해 [그림3]처럼 부채 사이클을 4단계로 구분했다.

모든 부채 사이클이 반드시 여기서 설명하는 부채 사이클대로 진행되는 것은 아니다. 부채 사이클은 자기 강화적 특성 때문에 가끔 뜻하지 않은 방향으로 진행되거나, 정부 또는 중앙은행의 강력한 정책 의지에 따라 각 단계가 연장·증폭되거나 단축·약화되기

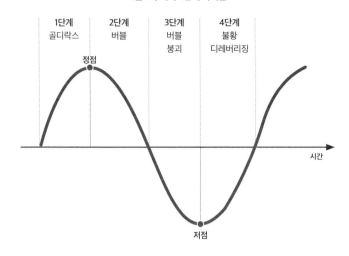

그림3. 부채의 4단계 사이클

1단계
골디락스

2단계
버블

3단계
버블
붕괴

4단계
불황
디레버리징

정점

저점

시간

도 한다. 하지만 호황이든 불황이든 어느 한쪽으로 쏠리면 반드시 정반대 현상이 일어났다.

1단계
골디락스

　부채 사이클 1단계는 골디락스 단계다. 직전 부채 사이클의 버블 붕괴에 따른 위기 상황을 성공적인 디레버리징deleveraging(부채 청산)으로 무사히 마무리하면 새로운 부채 사이클이 시작되면서 그 첫 단계인 골디락스 단계가 된다.

골디락스는 영국의 전래동화 〈골디락스와 세 마리 곰〉의 등장인물인 금발 소녀의 이름에서 따온 말로 '황금빛 머릿결'을 뜻한다. 어느 날 골디락스가 숲속을 헤매다가 세 마리 곰이 사는 오두막에서 세 그릇의 수프를 발견했다. 아빠 곰의 수프는 너무 뜨거웠고, 엄마 곰의 수프는 식어서 차가웠다. 그런데 마지막 아기 곰의 수프는 뜨겁지도 차갑지도 않아 먹기에 적당했기 때문에 배고픈 골디락스가 이 수프를 다 먹어버렸다. 이 동화에 나오는 수프에 빗대어 뜨겁지도 차갑지도 않은 적당한 수준의 경제 회복기를 골디락스라고 부른다.

경제가 골디락스 단계에 접어들면 버블 붕괴 단계와 불황 단계에서 감소했던 기업의 순이익이나 가계의 소득이 회복되면서 생산과 투자도 조금씩 회복된다. 다만 고용 지표의 회복은 대체로 더디게 일어난다. 고용은 한번 늘리면 되돌리기가 어렵기에, 대체로 경기회복이 완전히 가시화된 이후에야 본격적으로 확대되기 때문이다. 이 때문에 골디락스 단계로의 이행을 확인할 때 고용 지표를 위주로 경제 상황을 보면 한 발 늦은 판단이 될 수 있다.

1단계에도 부채가 늘어나기는 하지만 그 속도는 상당히 느리다. 직전 사이클이 끝날 때 경제 위기를 겪으며 자산 가격이 하락한 탓에 여전히 담보 여력이 크지 않은 데다 돈을 빌려주는 금융회사도 직전 위기에서 돈을 떼인 경험을 했던 탓에 대출에 소극적이기 때문이다.

그 때문에 이 시기에는 일반적으로 소득에 비해 부채가 더디게 증가한다. 대신 수익성이 확실한 산업과 기업에 집중적으로 대출이 이루어지기 때문에 효율성은 높은 편이다. 이렇게 조심스럽게 확대된 초기 투자가 성공하기 시작하면 금융회사들은 조금씩 과감한 대출과 투자에 나서게 된다. 그 결과 빚은 골디락스 시기에 경제 전체의 생산성을 향상시키는 중요한 촉매가 된다. 골디락스 단계가 매력적인 이유는 안정적인 물가상승 속에서 느리지만 지속적인 성장을 기대할 수 있어서다.

골디락스 단계에 자산 가격은 대체로 점진적인 변화를 보인다. 먼저 채권의 경우 골디락스 기간 동안 가격 변동이 크지 않기 때문에 안정적인 투자 대상으로 남아 있기는 하지만 버블 붕괴 시기처럼 큰 수익을 기대하기는 어렵다. 직전 단계에 급등했던 금값은 여전히 상승세를 보이지만, 경기회복이 본격화되면 연준이 금리를 올리기 시작하기 때문에 이 시기에는 금값 상승을 너무 낙관해서는 안 된다.

주가는 직전 사이클의 4단계인 디레버리징 단계부터 급반등하는 경우가 많기 때문에 실물경제 회복이 시작되는 1단계로 접어들면 이미 크게 뛰어오른 상태일 가능성이 크다. 이 때문에 주가 상승 속도는 오히려 완만해질 가능성도 있다. 하지만 4단계 불황기에 디레버리징만 잘 마무리된 상태라면 점진적인 상승 기조 자체를 꺾지는 못한다.

．

골디락스로 자산 가격 상승이 본격화되면 사람들은 점점 더 과감한 투자를 시작하고, 투자 성공 사례가 투자를 더욱 자극하는 '긍정적인 피드백positive feedback'이 나타나게 된다. 그러면 자신의 소득이나 자산을 넘어서는 대규모 투자에 나서기 위해 너도나도 빚을 내면서 부채 사이클 2단계인 버블 단계에 진입한다.

2단계
버블과 자기 강화

부채 사이클 2단계인 버블 단계의 가장 큰 특징은 강한 자기 강화적 특성이 나타나 자산 가격을 견인한다는 점이다. 버블 단계에 들어서서 자산 가격이 오르기 시작하면 너도나도 자산 투자에 나서면서 자산 투자 수익률은 더욱 높아진다. 그런데 자산 가격이 오르게 되면 담보 가치가 올라가 더 많은 돈을 빌릴 수 있게 되고, 이에 따라 더 많은 돈을 투자하는 자기 강화 현상이 나타난다.

이렇게 빚을 내어 너도나도 각종 투자에 나서면 자산 가격은 더욱 오르게 된다. 이는 더욱 부유해진 듯한 느낌을 주어 돈을 더 쓰게 하는 순자산효과positive wealth effect를 일으킨다. 그러면 경제 전체적으로 소비가 늘어 기업의 이윤이 증가하고, 임금이 상승하여 기업과 가계 모두 빚을 낼 여력이 더욱 커지게 된다.

부채 사이클 1단계인 골디락스와 2단계인 버블의 가장 큰 차이점은 골디락스 단계에는 빚의 증가 속도가 기업의 순이익이나 가계의 소득이 늘어나는 속도보다 느리지만, 버블 단계에는 빚이 늘어나는 속도가 소득이나 이윤 증가 속도보다 훨씬 더 빨라진다는 것이다. 다만 부채 상환 부담이 소득이나 이윤을 넘어서지는 않기 때문에 감당할 수 있는 수준에서 대출이 이루어진다.

버블기에 가격 상승 속도가 가장 빠른 자산은 역시 주식이다. 골디락스 단계에 비해 주가 상승에 가속도가 붙는다. 이에 비해 경기에 후행하는 부동산은 버블기에 비로소 상승을 시작한다. 글로벌 금융 위기 직후인 2009년 뉴욕 증시는 물론 코스피 지수도 이미 반등을 시작했지만 서울 지역 집값은 2014년에야 반등을 시작한 것이 그 대표적인 사례다.

버블 단계에 비중을 줄여야 하는 대표적인 자산은 바로 금과 국채다. 버블 단계에 두 자산 가격의 상승률은 대체로 주식과 부동산을 따라잡지 못한다. 게다가 버블이 가속화되면 이에 부담을 느낀 연준이 금리 인상을 시작하기 때문에 금리와 역방향으로 움직이는 국채와 금의 수익률은 버블의 정점에 가까워질수록 낮아지게 된다.

버블은 대부분의 경제주체에게 경제적 풍요를 선사한다. 게다가 항상 사람들의 예측을 뛰어넘어 오랫동안 강렬하게 지속된다. 그러다가 버블에 익숙해지면 사람들은 버블 붕괴의 충격과 고통을 모두 잊고는 버블 단계를 정상 상태로 보고 영원히 지속될 것처럼 착각하게 된다.

그 결과 더 많은 사람이 감당할 수 없을 정도로 큰 빚을 지고 자산시장에 뛰어들게 된다. 자산 가격이 더욱 가파르게 뛰어오르면 보수적이었던 은행들도 대출 기준을 완화하여 더 쉽게 더 많은 돈을 빌려주기 시작한다. 그러나 자산 가격 상승에 취한 사람들은 은행 대출만으로는 만족하지 못하고 정부 규제를 피해 그림자 금융 shadow banking(은행과 비슷한 기능을 하지만 은행과 같은 엄격한 규제를 받지 않는 금융기관이나 그런 금융기관들 사이의 거래)에서 대출을 받게 된다.

자산 가격이 치솟아 오르는 버블 단계야말로 큰 부를 축적할 수 있는 절호의 기회가 될 수 있다. 하지만 버블이 절정에 가까워지면서 오랜 기간 자산 가격 상승에 익숙해지면, 경제주체들은 언제 가격이 떨어질지 모르는 위험한 투자에 나서면서도 오직 자산 가격이 상승하는 경우만 가정하고 그 위험성을 망각하게 된다. 결국 버블이 붕괴하기 직전인 버블의 정점에 이르게 되면 거의 모든 경제주체가 자산 가격 상승에 베팅하는 쏠림 현상이 나타난다.

게다가 이미 투자자들의 눈높이가 한껏 높아진 상태에서 웬만한 수익률로는 투자자들을 모을 수 없기 때문에 금융회사들은 점점 더 고수익, 고위험 상품으로 투자자들을 유혹하게 된다. 2020년 초반 우리나라 사모펀드들의 대규모 부실 사태가 일어난 것도 바로 이 같은 고위험 고수익 투자로 투자자들을 모았기 때문이다.

특히 버블의 정점에 가까워지면 은행 창구에서 고위험 파생상품이 안전한 상품으로 위장되어 판매된다. 은행은 최근 수년 동안 단 한 번도 손실이 난 적이 없는 상품이라며 위험한 파생상품 판촉에 나선다. 물론 지난 수년간 버블 단계가 유지되는 동안에는 손실이 없었겠지만 버블이 붕괴되는 순간 원금을 송두리째 잃어버릴 수 있는 위험한 상품이 한둘이 아니다.

그러나 모두가 미래를 낙관하고 고수익만 좇아 자산 투자에 열을 올리는 바로 그 순간이 가장 위험한 순간이다. 투자할 만한 모든 사람이 이미 자산 가격 상승에 베팅한 상황에서 더 이상 그 자산을 비싸게 사줄 새로운 사람이 시장에 진입하지 않는 순간이 오면 자산 가격 상승이 멈추는 버블의 정점이 찾아온다.

3단계
버블 붕괴

소득과 자산 가격이 동시에 상승하는 버블 단계에 부채 사이클이 영원히 머문다면 얼마나 좋을까? 하지만 적어도 지금까지는 버블 단계가 예상보다 오래 지속된 적은 있어도 영속적으로 유지된 적은 없었다. 버블은 언제나 터지기 직전까지 한없이 부풀어 오르다가 결국 터져서 매번 경제 위기나 경기 침체로 끝났다.

지금까지 대체로 10년 정도의 주기로 이런 위기가 반복적으로 일어났지만 매번 버블의 정점에서 수많은 투자 전문가나 개인투자자들이 '이번엔 다르다This time is different'라고 외치며 버블에 동참했다. 그렇다면 지금까지 왜 버블은 항상 터지면서 끝났을까? 그리고 2009년에 시작되어 코로나19 이후 연장된 12년간의 자산시장 호황도 과연 이전의 사례들처럼 붕괴로 끝나게 될까?

버블은 자산시장에 참여한 대부분의 경제주체들이 도저히 감당하지 못할 정도로 많은 부채를 질 때까지 끝없이 진행되기 때문에 항상 우리의 예상을 너머 훨씬 더 부풀어 오른다. 이렇게 부채가 한계에 달한 버블의 정점에서는 아주 작은 충격에도 급격한 변화가 일어날 수 있는 임계상태critical state(어떤 현상의 성질에 변화가 생기거나 그 성질을 지속시킬 수 있는 경계에 이른 상태)가 나타난다. 과도한 자산 투자에 나선 사람들이 기존 대출의 이자를 갚기 위해 새로 대출을 받는 상황에까지 이르게 되면 바로 임계상태라고 볼 수 있다. 그래도 자산 가격이 계속 오른다면 문제가 없지만 외부 충격으로 자산 가격이 급락하거나 일시적인 신용 경색만 일어나도 순식간에 버블 붕괴 상황에 빠지게 된다.

임계상태에 가까운 상황에서 자산 가격 하락이 시작되면 자기강화 현상이 일어나 버블 붕괴를 가속화한다. 빚을 갚지 못해 자산을 내다 파는 사람이 늘어나면 자산 가격이 하락해 담보 여력이 약화되고, 그 결과 대출 상환 압력이 커지면서 자산을 처분하는 사람들이 더욱 늘어나고 자산 가격의 하락 속도는 더욱 가팔라진다.

자산 가격이 급락하면 사람들은 예전보다 가난해졌다고 느끼게 되어 자동차나 TV 같은 내구재 소비, 외식, 여행을 줄이는 역자산 효과negative wealth effect가 일어난다. 그 결과 기업의 매출이 감소하고 일자리가 줄어들면서 소득은 더욱 낮아진다. 그래서 가계 대출을 갚기가 더욱 어려워지면 자산을 내다 팔기 시작하면서 자산 가격은 더욱 하락한다.

전통적인 버블 붕괴는 은행예금을 찾으려는 사람들이 은행 앞에서 장사진을 이루는 뱅크런bank run으로 시작된다. 그러면 은행들은 뱅크런이 두려워서 기업과 가계에 대한 대출 회수에 들어가고 기업도 매출 채권을 회수하기 시작한다. 그 결과 모두가 현금 확보에 나서는 바람에 모두의 현금이 메마르는 아이러니가 일어난다.

일단 신용 경색이 일어나고 불황의 골이 깊어지면 실물경제까지 영향을 받으며 경제는 큰 타격을 받게 된다. 한번 경제 위기가 찾아오면 적어도 3년에서 길게는 5~6년까지 원래의 성장 경로로 복귀하지 못한다. 심지어 글로벌 금융 위기 이후 미국의 실물경제는 10년이 넘도록 위기 이전의 성장 경로로 복귀하지 못했다.

이 때문에 과거 연준은 버블의 정점에 이르기 전에 선제적으로 금리를 인상해 자산 가격의 버블을 통제하려는 노력을 해왔다. 버블이 통제할 수 없을 정도로 부풀어 올랐다가 정책 수단이 남아 있지 않은 상황에서 터지게 되면 자칫 세계대공황처럼 극복하기 어려운 심각한 위기가 올 수 있다는 것을 잘 알기 때문이다.

하지만 2000년 닷컴 버블 이후에는 연준이 버블을 꺼뜨리기는 커녕 버블이 한창일 때 오히려 무리한 완화 정책으로 버블을 더욱 키우는 경우가 적지 않았다. 만일 연준이 버블을 계속해서 부풀린다면 한동안 자산 가격이 치솟아 오를 수는 있지만, 결국 임계상태가 해소되지 않는다면 사소한 충격만으로도 한껏 부풀어 오른 버블이 터지게 된다. 버블의 정점에서는 바로 전날까지도 자산 가격이 치솟아 오르다가 하루아침에 급락하는 경우가 적지 않기 때문에 매우 주의할 필요가 있다.

특히 위험한 것은 3단계 버블 붕괴는 직전 2단계 버블보다 훨씬 짧은 기간 동안 매우 강렬하게 진행된다는 점이다. 버블 붕괴 초반에는 많은 경제주체가 공포에 빠져 자산을 투매하기 때문에 급격한 폭락장이 연출된다. 그 결과 초기 하락장에서 미처 발을 빼지 못하고 잠깐 머뭇거리는 사이에 자산 가격은 상상하지 못한 수준으로 폭락하게 된다.

이 때문에 버블이 과열 단계에 이르러 정점에 가까워지면 경제 상황을 예의 주시하며 급작스러운 시장의 변화에 대비해둘 필요가 있다. 그래도 다행인 것은 버블의 정점에 가까워지면 시장은 이를 경고하는 다양한 시그널을 보낸다는 점이다. 그 시그널에 대해서는 다음 장에 소개할 것이다.

다만 정점에 가까워질수록 버블은 더욱 뜨겁게 달아오르는 경향이 있기 때문에, 버블의 시그널을 포착했다고 해서 위험 자산 투자에서 손을 떼게 되면 마지막 가장 강렬한 자산 가격 상승에서 소외될 가능성이 있다. 이 때문에 버블 시그널이 나타나면 한꺼번에 위험 자산을 정리하기보다 조금씩 안전자산의 비중을 확대해나가는 것이 더 좋은 방법일 수 있다.

버블의 정점에서 투자보다 훨씬 중요한 것은 부채 관리다. 버블 단계에서 자신들이 번 돈으로 이자도 갚지 못하던 한계 기업들은 버블 붕괴의 직격탄을 맞게 된다. 이들 기업이 발행한 회사채 금리가 급등하고 은행들도 빚을 떼일 것이 두려워 신규 대출을 꺼리기 때문에 돈줄이 말라붙게 된다.

한도까지 대출을 받았던 가계도 마찬가지다. 자산 가격이 하락하면 금융회사는 추가 담보를 요구하지만, 이는 쉬운 일이 아니다. 게다가 하필 이런 시기에 대출 만기가 도래하면 아까운 자산을 헐값에 팔아야 하는 상황에 내몰리게 된다. 평생 일구어온 재산을 헐값에 팔아야 하는 상황에 직면하는 것이다.

4단계
불황과 디레버리징

버블 붕괴 이후 4단계인 불황이 시작되면 부채가 줄어드는 디레버리징이 진행된다. 디레버리징의 진행 과정은 금융 당국이 긴축 정책을 택하는지, 아니면 완화 정책을 택하는지에 따라 완전히 달라진다. 하지만 이미 수차례의 위기에서 긴축이 얼마나 위험한지 경험했기 때문에 대부분의 중앙은행은 대대적인 완화 정책으로 대응한다.

이 시기에는 중앙은행, 특히 연준의 역할이 너무나 중요하다. 지금까지 수많은 위기의 사례들에 비추어보면, 가장 이상적인 정책은 금융 당국이 불황 초기에 신속하고 과감하게 개입하여 신용 경색을 최대한 막아내 시간을 확보하고 부실 기업을 솎아내는 구조조정과 부채 규모를 줄이는 디레버리징을 유도하는 것이다.

이 같은 목표가 성공한다면 금융시장과 경제가 모두 V자 반등을 하겠지만, 실패한다면 1929년 세계대공황이나 1989년에 시작된 일본의 버블 붕괴처럼 불황이 장기화되고 경기회복은 더욱 멀어지게 된다. 이 때문에 불황기에 자신의 자산을 지키고 싶다면 무엇보다 연준이 어떻게 불황에 대응해나가는지에 촉각을 곤두세워야 한다.

3
버블의 정점을 말해주는
경고의 시그널

버블의 정점에 가까워질수록 자산 가격이 더욱 강렬하게 치솟아 오르기 때문에 투자자들은 제아무리 버블이라는 생각이 들어도 자산시장에서 발을 뺄 타이밍을 잡기가 쉽지 않다. 자산시장에서 너무 빨리 빠져나가면 가장 큰 상승장에서 소외되고, 반대로 끝까지 남아 있으면 버블 붕괴에 휩쓸려 큰 손실을 볼 수도 있기 때문이다.

따라서 버블의 정점에 가까워졌는지를 알려주는 다양한 시그널을 먼저 인지하고 정확히 파악해야 한다. 필자의 전작《2020 부의 지각변동》(2019)[7]에서 이미 일곱 가지 중요한 시그널을 자세히 다루었기 때문에 여기서는 간략하게 설명하고자 한다. 버블의 정점을 알려주는 가장 중요한 시그널 중에 하나는 바로 장기와 단기금리가 역전되는 '장·단기금리 차 역전'이다.

가장 중요한 시그널, 장·단기금리 차 역전

원래 금리는 단기금리보다 장기금리가 높은 것이 일반적이다. 예를 들어 1년 만기로 돈을 빌려주는 것보다 10년 만기로 빌려주는 경우 위험과 기회비용이 크기 때문에 10년 만기 금리가 1년 만기 금기보다 높은 것이 일반적이다. 하지만 버블의 정점에 가까워지면 장기금리보다 단기금리가 더 높아지는 장·단기금리 역전 현상이 일어난다.

특히 미국 국채 2년 물과 10년 물의 금리가 역전되거나 3개월 물과 10년 물의 금리가 역전되면 어김없이 경기 침체가 찾아왔다. [그림4]는 미국에서 장·단기금리 역전 이후 경기 침체가 찾아오기까지 몇 개월이 걸렸는지를 나타낸 그래프다. 이 그래프를 보면 2년 물과 10년 물의 장·단기금리 역전이 일어나고 짧게는 5개월, 길게는 17개월, 평균적으로는 11개월이 지난 다음 침체가 시작되었다.

장·단기금리 역전은 다른 경제 시그널보다 비교적 정확도가 높

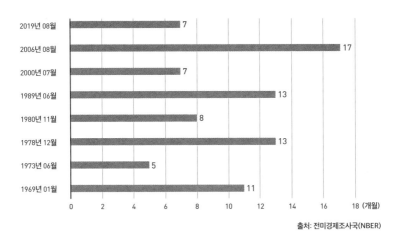

그림4. 역대 미국 장·단기금리 역전(2~10년 물) 이후 경제 침체까지의 기간

2019년 08월	7
2006년 08월	17
2000년 07월	7
1989년 06월	13
1980년 11월	8
1978년 12월	13
1973년 06월	5
1969년 01월	11

출처: 전미경제조사국(NBER)

은 편이다. 그러나 왜 장·단기금리 역전이 일어나면 수개월 뒤에 경기 침체가 오는지 그 정확한 메커니즘에 대해서는 아직 의견이 분분하다. 그중에서 가장 유력한 설명은 경기 침체를 앞둔 상황에서 단기금리는 현재의 호황을 반영해 상대적으로 높아지는 반면, 장기금리는 미래의 경기 침체를 반영해 낮아지면서 역전이 일어난다는 것이다.

또 경기에 대한 우려가 커지면 사람들은 단기채보다 장기채에 돈을 묶어두려 하기 때문에 장기채 수요가 커져 장기국채 가격이 올라가고 채권 가격과 역의 관계에 있는 국채 금리는 낮아져 장·단기금리가 역전된다는 분석도 있다. 미래가 불확실하다고 느끼면 장기채권을 사두려는 수요가 커진다는 해석이다.

여기서 주의할 점은 장·단기금리가 역전된다고 해서 곧바로 경기 침체나 주가 폭락이 찾아오지는 않는다는 것이다. 장·단기금리가 역전된 직후 주가와 집값은 오히려 더욱 강하게 치솟아 오른다. 그러다가 시장이 장·단기금리 역전에 대한 우려를 잊어버리기 시작할 때쯤 주가 폭락이나 경기 후퇴가 시작된다.

실제로 2019년 8월에는 2년 물과 10년 물의 국채 금리마저 역전 현상이 일어났다. 장·단기금리 역전이 나타난 당일에는 이에 대한 우려로 뉴욕 증시가 잠시 하락했지만, 이내 급등세로 돌아서면서 뉴욕 주가는 더욱 가파르게 치솟아 올랐다.

그리고 장·단기금리가 역전되고 7개월이 지난 2020년 2월 미국 경제는 침체의 늪에 빠졌다. 물론 이번에는 코로나19 사태가 원인이었지만, 부채 사이클이 버블의 정점에 가까운 임계상태에서는 코로나19처럼 거대한 위기가 아니라 작은 외부 충격만으로도 경기 침체를 촉발할 수 있다는 점에 유의해야 한다.

코로나19 사태 이후 미 연준이 초단기금리인 기준금리를 0~0.25% 수준인 제로금리로 낮추는 바람에 장·단기금리 차는 정상적인 수준으로 돌아왔다. 하지만 앞으로 경제 상황에 따라 언제든 장·단기금리 차가 또다시 역전될 수도 있기 때문에 예의 주시할 필요가 있다. 만일 장·단기금리가 역전되면 위험 자산의 가격이 오를 때마다 조금씩 위험 자산의 비중을 줄이고 안전자산의 비중을 늘릴 필요가 있다.

다행히 미국 국채의 장·단기금리 역전 현상은 전 세계 언론이 크게 다루기 때문에 뉴스만 따라가도 쉽게 시그널을 관찰할 수 있다. 하지만 이에 만족하지 않고 시시각각으로 변하는 장·단기금리 역전 현황을 직접 확인하고 싶다면 세인트루이스 미 연방준비은행 Federal Reserve Bank of St. Louis에서 제공하는 장·단기금리 차 통계를 직접 확인해보는 것도 좋은 방법이다.[8]

또 다른 징후,
통화가치 급락

미국 국채의 장·단기금리 차가 전 세계 금융시장의 흐름을 보여주는 시그널이라면, 한 나라의 통화가치는 그 나라의 경제 상황을 한눈에 보여주는 시그널이라고 할 수 있다. 특히 한 나라의 통화가치가 급락하는 것은 그 나라 경제 상황의 급격한 악화를 보여주기 때문에 반드시 경계해야 한다.

불황이 시작되고 버블 붕괴의 조짐이 보이면 신흥국에 들어와있던 글로벌 자금이 선진국으로 돌아가고 신흥국 통화가치는 급락하게 된다. 불황이 오면 당연히 금리를 낮춰서 경기를 부양해야 하지만, 신흥국이 금리를 낮추는 순간 글로벌 자금 유출은 더욱 가속화하기 때문에 금리를 내리지도 올리지도 못하는 진퇴양난에 빠진다.

이런 딜레마 속에서 신흥국은 대체로 금리를 인상하는 쪽을 선택해왔다. 하지만 아무리 금리를 인상해도 해외 자금 유출은 멈추지 않기 때문에 신흥국은 금리 인상과 자금 유출이 겹치면서 주가와 집값이 모두 폭락하는 경제 위기를 겪게 된다. 그 결과 은행까지 파산 위기에 내몰리면서 금융 시스템마저 무너지게 된다.

게다가 이 같은 금융 불안으로 통화가치 하락이 가속화되면 수입 물가가 폭등해 불황으로 가뜩이나 줄어든 소비가 더욱 위축된다. 신흥국 기업들은 수출 감소에 이어 내수 위축으로 더욱 깊은 경기 침체의 수렁에 빠져든다. 결국 해고와 임금 삭감이 이어지면서 다시 수요가 줄어드는 악순환이 일어난다.

이 같은 신흥국 위기를 가장 먼저 알려주는 가장 중요한 신호가 바로 환율이다. 특히 브릭스BRICs(브라질, 러시아, 인도, 중국)의 통화가치는 마치 리트머스 시험지처럼 세계경제 말단에서 어떤 변화가 일어나고 있는지 보여준다. 이 때문에 버블의 정점에서는 이들 나라의 환율을 정기적으로 확인할 필요가 있다.

이들 신흥국의 통화가치와 대척점에 있는 환율 지표가 바로 달러인덱스U.S. Dollar Index다. 달러인덱스는 유로, 엔, 파운드, 캐나다 달러, 스웨덴 크로나, 스위스 프랑 등 여섯 개 주요 통화에 대비되는 달러화의 상대적 가치를 나타내는 지표로서 1973년 3월의 달러

가치를 100으로 설정했다. 달러인덱스가 커지면 달러 가치의 상승, 작아지면 하락을 뜻한다.

물론 달러화 가치도 미국 경제가 다른 나라에 비해 상대적으로 높은 성장률을 보일 때 장기적 강세를 보인다. 하지만 이는 어디까지나 장기적 추세일 뿐이고, 단기적으로는 세계경제에 불안 요인이 커질 때 달러인덱스가 급등하게 된다. 특히 세계경제가 버블 붕괴를 겪을 때 달러인덱스가 치솟는다.

마지막으로 우리나라에 중요한 환율 지표는 바로 위안화다. 미국 달러에 대한 중국 위안화 환율은 1994년 1달러에 8.7위안에서 2020년 7위안까지 낮아졌다. 지난 15년 동안 중국 위안화 가치가 달러 대비 20%나 오른 것이다. 이처럼 신흥국 통화가치가 미국보다 오른 경우는 매우 드물다.

위안화의 가치 상승으로 중국의 수출 경쟁력은 계속 약화되고 있다. 이 때문에 중국은 기업에 막대한 보조금을 제공하면서 간신히 수출 경쟁력을 유지하고 있다. 미중 무역 합의로 중국이 보조금을 대폭 줄이거나, 반대로 갈등이 격화되어 대미 수출이 급감하면 중국 위안화 가치가 하락할 가능성이 있다.

중국인들은 이를 잘 알고 있기 때문에 기회만 생기면 달러를 사거나 해외투자를 늘리려고 한다. 그렇게 중국의 외환 보유고가 감소하자 중국 정부는 강력한 자본 통제에 나섰다. 2016년에는 해외 송금을 규제하기 시작했고, 2017년에는 해외여행 중에 돈을 인출하면 모두 당국에 보고하도록 의무화했으며, 2018년에는 아예 해외에서 인출 가능한 금액을 제한했다.

지금 중국 정부는 딜레마에 빠져 있다. 위안화 가치를 올리면 수출 경쟁력이 약화될 위험이 있고, 위안화 가치를 낮추면 중국 기업들의 달러화 부채 부담이 눈덩이처럼 불어날 가능성이 있다. 이 때문에 중국 정부는 위안화 가치를 적절한 수준으로 유지하기 위해 총력을 기울일 것이다.

2021년 위안화 가치는 중국 정부가 어떤 선택을 하느냐에 따라 크게 요동칠 것이다. 그런데 우리나라는 전체 수출의 4분의 1(홍콩을 포함하면 무려 3분의 1)을 중국에 의존하고 있기 때문에 위안화 환율 변동에 원화 환율도 민감하게 반응할 것이다.

특히 그동안 우리나라 금융시장이 중국의 대체 투자처로 각광받아왔던 만큼 위안화 가치가 안정되면 해외투자 자금이 국내로 유입돼 주가와 원화 가치가 덩달아 상승하고, 반대로 위안화가 흔들리면 우리나라에서도 해외투자자들의 자금이 일시에 빠져나가면서 원화 가치까지 흔들릴 위험이 있다. 이 때문에 위안화 환율은 우리의 원화 환율은 물론, 우리의 자산 가격과 향후 성장률까지 좌우하는 중요한 변수가 될 수 있다.

4

버블 붕괴 이후
주가 회복의 패턴을
결정하는 것들

반등인가,
데드캣 바운스인가

　3단계 버블 붕괴 이후 4단계 불황이 진행될 때 주가 상승이 시작된다. 주가는 항상 실물보다 훨씬 빠르게 반응하기 때문에 실물경제는 악화 일로를 겪는 불황 단계에 이미 주가 반등을 시작한다. 다만 주가가 반등하는 방식은 실물경제의 회복 속도와 금융 정책이 맞물리며 V자, U자, L자 회복 등으로 나뉘게 된다.

　그렇다면 주가 회복 방식을 결정하는 요소는 무엇일까? 그 답을 알기 위해서는 세계대공황 이후 주요 하락장에서 주가가 어떻게 하락하고 어떤 방식으로 회복했는지 그 경로를 면밀히 추적하고 여기 영향을 미친 요인들을 살펴봐야 한다.

1929년 세계대공황 이후 글로벌 금융 위기까지 열세 번의 하락장이 있었다. 평균 21개월 동안 지속된 하락장에서 S&P 500지수는 40% 하락한 것으로 나타났다. 가장 짧은 하락장이었던 1987년의 검은 월요일 사태 당시에는 주가가 32% 하락했다가 3개월 만에 상승세로 돌아서서 V자 반등에 성공했다.

주가 하락폭이 가장 컸던 시기는 대공황과 함께 시작된 하락장이다. 1929년 9월 이후 33개월 동안 모두 일곱 차례의 하락 파동을 겪으면서 S&P지수는 무려 86%나 하락했다. 가장 긴 하락장은 대공황 이후 주가가 재차 폭락했던 1937년 하락장으로 무려 5년 2개월 동안 하락세가 지속되어 S&P 500지수가 60%나 급락했다.

가장 최근에 일어났던 글로벌 금융 위기는 2007년 10월부터 17개월간 S&P지수가 57% 하락하면서 하락폭은 열세 번의 하락장 중에서 역대 세 번째로 컸다. 하지만 하락장이 유지된 기간은 2007년 10월부터 2009년 3월까지 17개월로, 역대 하락장 평균 기간인 21개월보다 짧았다. 글로벌 금융 위기 시의 하락장은 그야말로 굵고 짧게 끝난 셈이었다.

이런 하락장이 지난 90년 동안 열세 번 일어났다는 것은 결국 평균 7년마다 한 번씩 하락장이 있었다는 얘기다. 그런데 대공황을 비롯한 그 어떤 하락장이든 반드시 회복되었기 때문에 하락장은 주식 비중을 높일 좋은 기회일 수 있다. 하지만 이런 하락장에서 투자를 망설이게 하는 것이 있다. 바로 데드캣 바운스dead cat bounce다.

데드캣 바운스란 하락장에서 주가가 큰 폭으로 떨어지다 일시적으로 반등하는 상황을 고양이에 비유한 것이다. 대체로 주가가 20~30% 이상 빠지는 하락장 이후에는 매번 주가가 반등하는 현상이 일어났다. 그런데 문제는 반등 이후 V자 회복을 한 경우도 있지만, 다시 폭락한 경우도 적지 않았다는 점이다.

간혹 데드캣 바운스가 V자 반등보다 더 강렬하게 일어나기도 하기 때문에 이를 구별하기가 쉽지 않다. 1980년 이후 나스닥 종합지수의 1일 상승폭을 살펴보면 역대 가장 큰 폭의 상승률을 보였던 날은 단 하루 동안 무려 14%나 상승한 2001년 1월 3일이었다. 당시 닷컴 버블 붕괴로 폭락하던 주가가 엄청난 반등을 보이며 치솟아 오르자 '이제 하락장은 끝났다!'는 장밋빛 보도가 쏟아졌다. 하지만 나스닥 지수는 이후 1년 8개월 동안 지속적인 하락세를 보이며 반토막 수준으로 폭락했다. 결국 14%나 반등했던 것은 전형적인 데드캣 바운스였다.

역대 나스닥 지수 상승률 2위는 글로벌 금융 위기가 한창이었던 2008년 10월 13일의 11.8% 상승이었다. 하지만 이 같은 반짝 상승이후 주가가 다시 급락세로 돌아서면서 5개월 뒤에는 주가가 무려

그림5. 역대 나스닥 지수 상승률 순위(1980년 이후)

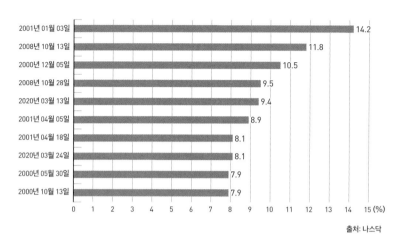

출처: 나스닥

40%나 하락했다. 이 때문에 반짝 상승만 보고 반등을 확신해 추격 매수에 나서기는 쉽지 않다.

더구나 데드캣 바운스는 하루 동안 강렬하게 일어나기도 하지만, 3~6개월간 지속적이고 강하게 나타나기도 한다. 대체로 30% 안팎의 폭락장 뒤에는 어김없이 반등장이 찾아온다. 과거 오랫동안 이어진 호황에 중독된 사람들이 주가 상승을 기대하고 시장에 대거 참여하기 때문이다. 그렇다면 어떻게 데드캣 바운스를 구별할 수 있을까?

1부 세계경제를 뒤흔드는 부채 사이클의 이해

회복과 폭락을 결정짓는
세 가지 요인

일부 전문가들은 과거 사례에 빗대어 자산시장의 회복 방식에 대해 단정적으로 말하지만, 사실 불황 당시의 복합적인 경제 상황과 금융 당국의 정책이 결정적으로 중요하기 때문에 시장의 현재 상황을 면밀히 살피는 것이 가장 중요하다. 폭락장 이후 자산시장의 반등을 결정하는 가장 중요한 세 가지 요인을 꼽으면 다음과 같다.

> **첫째, 버블의 강도強度는 얼마나 강했는가.**
> 직전 부채 사이클의 버블이 얼마나 크게 부풀어 올랐었고 그 부작용이 얼마나 남았는가.
> **둘째, 불황이 금융과 실물 복합형인가.**
> 버블 붕괴가 금융 측면에만 영향을 주었는가, 아니면 실물 부문에까지 옮겨 붙었는가.
> **셋째, 정부와 금융 당국의 역량은 충분한가.**
> 정책 당국이 강력한 리더십과 충분한 정책적 여력을 가지고 시의적절한 정책으로 경제를 이끌어나가고 있는가.

우선 첫 번째 요인인 버블의 강도부터 살펴보자. 단순히 지수만 보고 주가의 고평가나 저평가를 논하는 것은 옳지 않다. 기업은 끝없는 혁신을 통해 기업 가치를 높이기 때문에 성장하는 경제에서는 주가지수가 끝없이 전고점을 돌파하며 상승하는 것이 보편적 현상이다.

전체 시장이 고평가되어 있는지 확인하는 가장 간단한 방법은 전체 기업의 평균 주가수익비율PER, Price Earning Ratio을 살펴보는 것이다. PER는 주가를 1년간 주당순이익earning per share으로 나눈 것으로, 한 주의 가격이 2만 원인 주식이 1년 동안 주당 1,000원의 순이익을 냈다면 20이 되고, 한 주의 가격이 1만 원인 주식이 1,000원의 순이익을 거두었다면 10이 되어, PER가 클수록 주가가 고평가되어 있음을 뜻한다.

그런데 기업의 순이익은 일시적인 요인에 의해 달라질 수 있기 때문에 최근 1년 동안의 당기순이익만 보고 주식 가치를 판단하는 것은 자칫 오판을 부를 수 있다. 오판 가능성을 피하려면 노벨 경제학상 수상자인 로버트 실러Robert Shiller 예일대학교 교수가 고안한 '경기조정주가수익비율Cyclically-Adjusted Price Earnings Ratio, 이하 CAPE'을 살펴보는 것이 좋다.

CAPE는 주가를 최근 1년간의 주당순이익이 아니라 최근 10년간의 평균 주당순이익으로 나눈 주가수익비율이다. 10년간의 평균 주당순이익을 사용했기 때문에 일시적인 순이익의 증가나 감소에 휘둘리지 않고, 보다 장기적인 안목으로 주가 수준을 판단

그림6. S&P 500의 CAPE지수

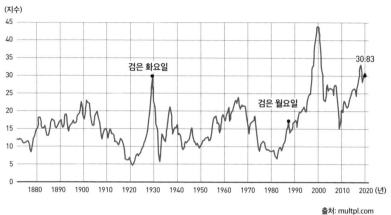

출처: multpl.com

할 수 있다.

　[그림6]은 1870년 이후 150년 동안 S&P 500의 CAPE지수를 그래프로 나타낸 것이다. 지난 150년 동안의 평균은 16.7이었다. 역대 최고치는 1999년 닷컴 버블 당시 기록했던 44.2였고, 두 번째로 높았던 것은 세계대공황 직전의 30이었다. 과거 CAPE가 30을 넘었을 때는 어김없이 주가 대폭락과 위기가 찾아왔다. 그런데 2020년 9월 CAPE는 30.83을 기록해 이미 닷컴 버블을 제외하고는 가장 높은 수준에 도달한 만큼 주의 깊게 바라볼 필요가 있다.

　버블은 주식시장에서만 발생하는 것이 아니라 때로는 부동산 가격을 부풀리기도 한다. 부동산 버블을 확인하는 대표적인 방법은 예일대학교 교수 로버트 실러와 전 하버드대학교 교수 칼 케이

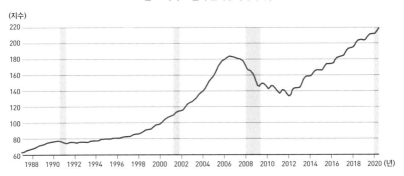

그림7. 케이스-실러 전미주택가격지수

스Karl E. Case가 공동 개발한 S&P 케이스-실러 전미주택가격지수
Case-Shiller U.S. National Home Price Indices를 활용하는 것이다.

세인트루이스 연방준비은행이 발표하는 케이스-실러 전미주택
가격지수는 2000년의 주택 실질 가격을 기준으로 100보다 높으면
2000년보다 주택의 실질 가격이 상승한 것이고, 100보다 낮으면 하
락한 것을 의미한다. 그런데 [그림7]에서 보듯이, 2020년 5월 전미주
택가격지수는 217.99를 기록해 부동산 버블이 터졌던 2008년 글
로벌 금융 위기 당시 지수인 184.6보다도 높은 수준을 기록했다.

버블의 강도를 종합적으로 볼 때, 2020년 미국 경제의 버블이
다소 위태로운 상황에 있는 것은 분명하다. 게다가 주식시장에만
버블 신호가 나타났던 2000년 닷컴 버블이나 부동산시장에만 버
블 신호가 나타났던 2008년 글로벌 금융 위기와 달리 이번에는 주

식과 부동산시장에서 동시에 버블 신호가 나타나고 있기 때문에 더욱 주의해야 한다.

버블의 강도를 파악했다면 이제 회복세를 결정하는 두 번째 요인인 실물 부문을 살펴보자. 주가 회복은 불황이 금융만의 문제로 끝날 것인지, 아니면 실물로 전이되어 복합형 위기로 확대될 것인지에 영향을 받는다. 만일 금융 측면이나 실물 측면 중 어느 한쪽에서만 끝나면 위기에 따른 충격을 조기에 흡수해 파장을 줄일 수 있다.

금융 부문의 충격이 실물로 전이되지 않아, V자 반등이 가능했던 대표적인 사례는 바로 1987년 검은 월요일 사태. [그림8]은 검은 월요일 사태 당시 나스닥 지수의 변화를 보여준다. 나스닥 지수는 1987년 10월 5일 453.63으로 정점을 찍은 뒤 슬금슬금 하락하다가 10월 19일 검은 월요일 사태를 기점으로 폭락하기 시작했다.

그러나 같은 달 28일 고점 대비 35.6% 폭락한 291.88을 기록한 뒤에, 12월에 한 번 더 바닥을 다지고 곧바로 상승세로 돌아섰다. 결국 주가가 처음 하락세를 보인 지 단 두 달 만에 회복세로 돌아선 것이다. 그리고 20개월이 지난 1989년 6월 나스닥 지수는 전고점이었던 453을 회복하며 완벽한 V자 반등에 성공했다.

주가 대폭락 사태의 대명사로 쓰이는 검은 월요일은 사실 그 충격이 실물 측면으로 파급되지 않은 덕분에 두 달 동안 나스닥 지수가 35% 하락하는 1차 충격으로 끝났다. 만일 금융 불안이 실물

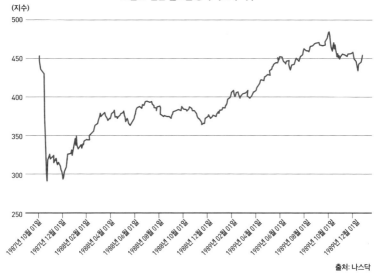

그림8. 검은 월요일 당시 나스닥 지수

(지수)

출처: 나스닥

부문으로 옮겨 붙었다면 2차, 3차 하락이 일어나 V자 반등을 기대
하기는 쉽지 않았을 것이다.

　검은 월요일 사태와 달리 금융 부문의 위기가 실물 부문으로 옮
겨 붙으면서 금융과 실물의 복합 위기로 번진 대표적인 사례가 바
로 글로벌 금융 위기다. [그림9]에서 보듯이, 글로벌 금융 위기에는
2007년 10월 이후 모두 세 차례의 하락 파동과 두 차례의 데드캣
바운스를 겪은 뒤, 1년 5개월 만에야 나스닥 지수가 바닥을 찍고
회복세로 돌아섰다.

　글로벌 금융 위기의 1차 하락 파동은 2007년에 시작됐다. 당시

그림9. 글로벌 금융 위기 당시 나스닥 지수

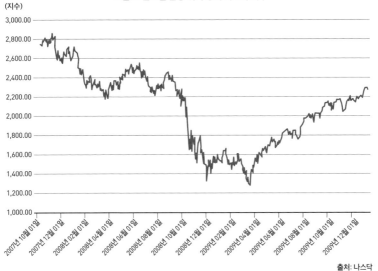

(지수)

출처: 나스닥

미국의 주택 담보대출 기업의 파산으로 서브프라임 모기지 대출의 부실 문제가 부각되면서 2007년 11월부터 4개월여 동안 나스닥 지수는 23% 하락했다. 하지만 미 연방정부가 시장 안정화 대책을 내놓으면서 부실 사태가 잠잠해지자 두 달여 동안 나스닥 지수는 17% 반등했다. 그리고 2008년 8월까지 주가가 횡보하면서 안정세를 보이자 위기는 완전히 끝난 듯했다.

그러나 이런 기대는 2008년 9월 미국의 대표적인 투자은행인 리먼브라더스의 파산으로 완전히 무너지고 말았다. 리먼이 붕괴하자 금융시장이 패닉에 빠지면서 너도나도 자금 회수에 나섰고, 신규 대출을 꺼리면서 신용 경색이 나타났다. 그 결과 전 세계 주가가 수직으로 추락하면서 2차 하락 파동이 일어나 11월에는 그해 3월보다 무려 48%나 폭락했다.

상황이 최악으로 치닫자 다급해진 미국 정부는 같은 달 23일 시티그룹에 천문학적인 지급 보증을 해주고 막대한 공적 자금을 지원하는 등 글로벌 금융 위기를 막기 위해 무려 7조 달러(약 8,700조 원)를 투입하기로 결정했다. 이 같은 안정책으로 미국 증시는 일시적인 상승세를 보이며 26% 급등했다.

이런 주가 반등으로 안도감이 고개를 들기 시작했지만 이듬해인 2009년 미국의 성장률이 −2.5%로 추락하면서 기업의 실적이 크게 악화되고 실업률이 10%까지 치솟는 등 금융 위기의 여파가 본격적으로 실물 부문에 타격을 주기 시작했다. 그 결과 2009년 초반 3차 하락이 일어나 나스닥 지수는 또다시 23% 급락했다.

1987년의 검은 월요일처럼 충격이 금융 부문에서 멈출 경우 1차 하락으로 끝나기도 하지만, 금융과 실물 부문의 복합 위기로 확산되어 실물 부문의 타격이 본격화되면 2차 또는 3차 하락이 일어나기도 한다. 그리고 각각의 하락 파동마다 폭락한 주가의 3분의 2 정도가 회복되는 데드캣 바운스가 일어나기 때문에 위기가 끝난 것으로 알고 시장에 진입했다가 큰 손해를 보는 경우가 적지 않다.

2020년 코로나19 사태는 3월에 찾아온 금융 부문 위기로 끝나지 않고 실물 부문에 타격을 줄 수밖에 없다. 이 때문에 금융와 실

2008년 리먼브라더스 파산으로 금융 위기의 서막이 올랐다.

물의 복합 위기라는 측면에서 2차, 3차 하락이 올 수 있는 대표적
인 경우라고 봐야 한다. 하지만 미 연준의 대응 역량에 따라 이를
막을 수 있는 가능성도 여전히 남아 있다.

불황기의 자산 가격 하락과 회복 패턴을 결정하는 마지막 요인
은 바로 정부와 금융 당국의 역량이다. 위기 대처에 필요한 정책
당국의 역량은 크게 세 가지다. 첫 번째 역량은 경제 위기가 오기
전에 금융 당국이 쌓아둔 정책적 여력이다. 특히 경제 위기가 오기
전에 금리를 충분히 올려두거나 양적완화로 풀린 돈을 회수해두
었다면 상당한 정책 수단을 확보할 수 있다.

두 번째 역량은 신속하고 과감한 대응 능력이다. 일단 경제 위기

가 시작되면 시시각각 양상이 바뀌며 경제 시스템을 끊임없이 위협하기 때문에 신속하고 과감한 초기 대응이 중요하다. 앞서 소개한 버블 붕괴의 자기 강화적 특성 탓에 일단 공황economic crisis에 빠지면 쉽게 방향을 되돌릴 수 없기 때문이다.

마지막 세 번째 요소는 연준의 리더십이다. 모호한 말 한마디로 시장을 안심시키고 원하는 방향으로 이끌 수 있었던 앨런 그린스펀Alan Greenspan 연준의장 같은 리더십이 있다면, 훨씬 적은 자원으로 큰 효과를 누릴 수 있다. 실제로 앨런 그린스펀이 없었다면 1987년 검은 월요일 사태나 1998년 롱텀캐피털매니지먼트 사태는 더 큰 위기로 번졌을지 모른다.

금융 당국의 역량 미달이 경제 위기를 가중시키면서 자산시장의 I자 폭락을 가져온 대표적인 사례가 바로 1929년의 세계대공황이다. 1920년대 미국에서는 다양한 신기술이 보급되면서 자동차와 세탁기 등 새로운 제품이 날마다 쏟아져 나왔다. 하지만 대공황 직전에 미국의 빈부격차가 워낙 커진 탓에 중산층에게는 그런 제품이 그림의 떡과 같았다.

그런데 이때 당시만 해도 첨단 금융상품이었던 '할부 시스템'이 도입되어 마술과 같은 일이 일어났다. 돈이 없던 중산층이 할부를 이용해서 신제품들을 구매할 수 있게 된 것이다. 할부 시스템은 사실상 빚을 지고 물건을 사는 것이지만, 많은 이들이 이런 인식 없이 자신의 소득보다 많은 소비를 하기 시작했다.

기업들은 중산층으로 시장을 확대해 큰 호황을 누리게 되었다. 그 덕분에 자산가들은 큰 부를 축적하여 자산 투자에 나서기 시작했다. 자산 가격이 계속 폭등하자 부유층은 자신들의 돈만으로 만족하지 못하고 최대한 빚을 끌어다 자산 투자에 몰두했다. 무엇이든 사기만 하면 값이 오르던 시기였기 때문에 누구도 위험성을 깨닫지 못했다.

그런데 1928년에 실물 경기가 급속히 냉각되자 자국 경제만 살리면 된다는 자국 이기주의가 전 세계로 번져나갔다. 보호무역주의는 세계경제를 더욱 심각하게 망가뜨렸다. 하지만 이런 실물경제 상황을 비웃듯이, 이듬해인 1929년에도 자산 가격 폭등은 계속됐다. 다우 지수는 1928년 1월 198에서 1929년 9월 3일 381로 무려 2배나 치솟았다.

그러다 별다른 외부 충격 없이 1929년 9월부터 주가가 슬금슬금 빠지기 시작했다. 주가가 너무 많이 오르자 불안을 느끼는 투자자가 하나둘 늘었던 것이다. 그러다 1929년 10월 24일 검은 목요일Black Thursday과 28일 검은 화요일Black Tuesday을 신호탄으로 단 20일 만에 다우 지수가 48%나 떨어지는 대폭락이 일어났다.[9]

주가가 빠지자 모든 폭락장에서 나타나는 데드캣 바운스가 일어났다. 주가 하락이 시작된 지 20일 만인 11월 14일을 기점으로 주가가 반등을 시작해서 장장 6개월 동안 무려 48%나 반등했다. 누구도 경제 위기가 끝났음을 의심하지 않았다. 하지만 그렇게 모

미국 주가 대폭락을 보도한 1929년 10월 29일자 언론 보도.

두가 안심했을 때 주가가 다시 대폭락을 시작하면서 장밋빛 전망은 헛된 꿈이 되고 말았다.

대공황은 금융 부문에서 시작된 1차 충격으로 끝나지 않고 끝내 실물경제를 무너뜨렸다. 실업률이 치솟으면서 소비가 줄었고, 매출이 줄어든 기업들이 근로자들을 해고하면서 소비가 더욱 줄어들고 물가는 낮아지는 디플레이션의 악순환deflationary spiral이 시작된 것이다.

그 결과 1930년 5월에 다우 지수가 급락하는 2차 하락 충격과 하반기에 또다시 추락하는 3차 충격까지 일어났다. 여기서 미 연준이 현명하게 행동했더라면 이 정도의 하락으로 끝났을지 모른다. 하지만 1931년 시장 스스로 혼란을 수습하는 가운데 연준은 어이없는 오판을 하고 말았다. 기준금리를 거의 2배 가까이 끌어올리고 시중의 돈을 거두어 들였던 것이다.

실업률이 25%를 넘던 시기에 기준금리를 2배나 인상한다는 것은 지금의 시각으로는 도저히 이해할 수 없는 결정이지만 당시 연준에는 나름의 이유가 있었다. 당시 미 연준이 달러를 마구 찍어내는 한편, 보유하고 있던 금이 점점 고갈되어 곧 금본위제를 포기할 것이라는 소문이 돌았다. 그러자 '종이 돈'인 달러를 '진짜 돈'인 금으로 바꿔달라는 금태환金兌換(해당국 화폐의 소유자가 해당국의 중앙은행에 요구하면 화폐를 금으로 제공하는 것) 요구가 급증했다.

특히 프랑스 정부가 집요하게 금태환을 요구하는 바람에 미국의 골칫거리가 되고 말았다. 금본위제가 흔들릴 것을 염려한 미국의 은행자본은 연준에 금리 인상을 압박했다. 금리를 올리면 금 보유에 따른 기회비용이 커져서 달러에 대한 금 환매 요구가 줄어들 것이라는 계산이었다. 결국 연준은 미국인들의 일자리 대신 금본위제와 은행들을 보호하기 위해 금리 인상을 택했다.

가뜩이나 어려운 경제 상황에 기준금리마저 2배 넘게 치솟자 기업과 가계가 연쇄 파산했다. 빚을 떼인 은행들마저 하나둘씩 파산하기 시작하자 불안에 떨던 시민들이 은행으로 몰려와 예금을 인출하는 뱅크런이 일어났다. 은행 시스템과 금본위제를 보호하기 위한 금리 인상이 오히려 은행들을 위기로 내몬 것이다.

그 결과 대공황이 시작되고 4년이 지난 1933년 미국의 국내총생산GDP은 1929년의 70% 수준으로 떨어졌고, 실업률은 20%대까지 치솟았다. 정책 실패가 실물경제를 더욱 악화시킨 것이다.

미 연준의 오판은 주가에도 반영되었다. 다우 지수는 1932년까지 모두 일곱 차례에 걸쳐 하락 파동을 겪으면서 1929년 고점 대비 89%나 떨어졌다. 그리고 다우 지수가 1929년의 고점을 다시 회복한 것은 무려 25년이 지난 1954년의 일이었다. 더구나 지수만 회복했을 뿐, 대공황 이전의 수많은 기업이 파산했기 때문에 영원히 휴지 조각이 되어버린 주식도 적지 않았다.

금융 부문과 실물 부문의 복합 위기에 정부나 금융 당국의 실정이 겹치면 그 결과는 대공황과 같은 파국을 부르게 된다. 이 때문에 일단 위기가 발생하면 정부와 금융 당국의 대응, 특히 미국 정부와 미 연준의 남은 역량과 정책적 대응이 적절한지를 면밀히 관찰해야 한다. 그렇다면 현재 연준의 위기 대응 역량은 어떤 수준일까?

2020년의 상황을 보면 미 연준이 위기를 다루는 능력은 그 어느 때보다도 능수능란해 보인다. 특히 2008년 글로벌 금융 위기에서 얻은 교훈을 토대로 선제적이고 과감하게 대응하고 있다. 2020년 코로나19 사태로 위기 국면이 등장할 때마다 다양한 정책 수단으로 대처하고 있는 점도 연준의 강점이다.

하지만 제롬 파월 의장의 리더십이나 권위가 연준의 전성기를 이끌어낸 폴 볼커Paul A. Volcker Jr.나 앨런 그린스펀 전 의장들에 비해 다소 약한 것이 문제다. 실제로 파월 의장이 이끄는 연준은 2019년 이후 시장의 요구에 끌려 다니는 모습을 보이고 있기 때문에 만일 위기가 악화되면 시장 통제력을 잃어버릴 우려가 있다.

현재 연준의 가장 큰 문제는 정책적 여력이다. 2019년 금리를 인상해야 할 시점에 오히려 금리를 세 번이나 내린 탓에 코로나19 사태 직전 연준에 남아 있던 금리 인하 여력은 크지 않았다. 게다가 연준이 실물 부문의 모든 위기 요소를 잠재울 수 있는 것은 아니기 때문에 실물 부문에 있어서는 연준의 부양책도 큰 한계가 있다.

5

디레버리징과
장기 불황의 늪

하나의 부채 사이클을 마무리하는 불황 단계에서 가장 중요한 것은 부채를 줄여나가는 디레버리징을 성공적으로 마무리하는 것이다. 디레버리징이 이루어지지 않으면 골디락스부터 시작되는 새로운 부채 사이클이 등장하지 못하고, 결국 20년이 넘는 일본의 장기 불황처럼 오랜 불황의 늪에 빠질 수 있기 때문이다.

[그림10]에서 실선은 미국의 GDP 대비 비금융 기업의 부채 비율을 나타낸다. 그리고 회색 부분은 미국의 경기 침체 기간을 뜻한다. 그런데 기업의 부채 비율은 항상 일정한 수준을 유지했던 것이 아니라 부채 사이클의 단계에 따라 놀라울 정도의 규칙적인 등락을 반복해왔다.

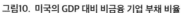

그림10. 미국의 GDP 대비 비금융 기업 부채 비율

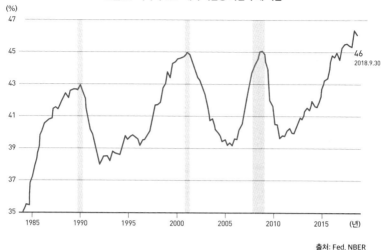

출처: Fed, NBER

　특히 회색 부분의 경기 침체 기간을 지나면서 부채가 줄어드는 디레버리징이 시작되었음을 확인할 수 있다. 그런 측면에서 1990년대 초반은 전형적인 디레버리징 구간이었다. 그리고 디레버리징이 마무리된 이후 부채 비율이 안정된 시기는 부채 사이클 1단계인 골디락스기라고 할 수 있다.

　그러다가 1995년 GDP 대비 기업 부채 비율이 급증하면서 버블기로 진입하게 된다. 미국의 주가는 버블기에 놀라울 정도로 급등한다. 특히 1997년 1,292로 시작한 나스닥 지수는 2000년 3월 무려 5,132를 기록하며 단 3년여 만에 4배 넘게 치솟아 올랐다. 같은 기간 미국 기업의 GDP 대비 부채 비율도 39%에서 44%로 빠르게 늘어났다.

그리고 2002년부터 기업 부채가 줄어드는 디레버리징이 시작되면서 2005년에는 미국 GDP 대비 기업 부채 비율이 다시 39%까지 하락해 1990년 초반 수준으로 돌아갔다. 이처럼 부채가 줄어드는 디레버리징이 완료되면 또다시 새로운 부채 사이클이 시작된다. 그러나 디레버리징을 정책 당국이 인위적으로 늦추거나 디레버리징 과정에서 부작용이 커지면, 새로운 부채 사이클의 등장도 그만큼 지연되고 불황의 골도 더욱 깊어지게 된다.

흥미로운 것은 2000년 하반기에 주가 폭락으로 닷컴 버블 붕괴가 시작됐는데도 여전히 부채 비율의 증가 추세가 계속되었다는 점이다. 금융시장의 악화 조짐이 보이면 기업들은 신용 경색이 본격화되기 전에 오랜 불황에도 충분히 버틸 수 있도록 더 많은 빚을 내서 현금을 확보해두는 경향이 있기 때문이다. 게다가 경기 침체가 진행되는 동안에는 GDP가 감소하기 때문에 부채가 늘어나지 않아도 GDP 대비 부채 비율은 상승한 것처럼 보일 수 있다.

대체로 루틴routine한 과정으로 진행되는 부채 사이클의 다른 단계들과는 달리 4단계 불황에 진행되는 디레버리징은 금융 당국의 대응 방식과 정책 역량에 따라 결말이 열려 있다. 금융 당국이 적절히 대응하면 다음 부채 사이클을 앞당겨 새로운 선순환을 기대할 수 있지만, 버블을 유지시키려고 무리한 정책을 쓰다가 실패하면 자칫 장기 불황의 늪에 빠지게 된다.

그렇다면 통상적인 디레버리징은 어떻게 진행될까? 불황기의 가장 전통적인 디레버리징 과정은 파산과 채무 재조정이다. 채무 재조정은 경제적으로 중요하거나 채권 금융기관에 큰 타격을 주는 기업에 적용된다. 출자 전환, 부채 탕감, 만기 연장 등을 통해 금융 회사와 주주가 부채 부담을 조정하게 된다. 만일 부채 규모가 너무 커서 이들만으로 해결되지 않는 경우에는 정부가 개입하기도 한다.

디레버리징에는 철저히 대마불사大馬不死(바둑에서 대마는 쉽게 죽지 않고, 반드시 살길이 생긴다는 뜻. 경제적으로는 영향력이 큰 기업은 반드시 살아남는다는 비유로 쓰인다)가 적용된다. 망해도 경제적 파급효과가 작은 기업은 대체로 파산 절차를 밟게 된다. 기업은 파산 관리를 하는 과정에서 회생에 성공하면 새 주인을 찾기도 하고, 이마저 잘되지 않으면 청산 절차에 들어간다. 파산한 기업이나 근로자 그리고 채권자에게는 큰 타격이지만 이 과정에서 비효율적인 기업이 퇴출되고 살아남은 기업들에게는 더 큰 기회가 열리게 된다.

가계 부채의 경우에는 대체로 파산과 회생 절차가 기본이지만 금융 시스템 전체에 타격을 줄 정도로 부실 규모가 큰 경제 위기 상황에서는 정부가 개입해 채무 조정을 하기도 한다. 이 과정에서 빚을 내어 무리한 투자를 한 사람들에 대한 지원이 이루어지기 때문에 도적적 해이가 일어난다. 게다가 버블기에 투자를 하지 않았던 사람들이 상대적으로 손해를 보는 불합리가 일어나기도 한다.

어쨌든 이런저런 우여곡절 끝에 디레버리징 과정이 끝나면 경제는 다시 뛸 준비를 마치게 된다. 불황을 통해 잉여 생산 능력이 제거된 덕분에 살아남은 경제주체들은 보다 쉬운 경쟁 환경을 맞이한다. 살아남은 경제주체들이 퇴출된 이들보다 반드시 더 효율적인 것은 아니지만 승자로서 새 시대를 이끄는 주역이 된다. 그 결과 1단계 골디락스부터 새로운 부채 사이클이 본격적으로 시작된다.

디레버리징은 다음 부채 사이클을 앞당겨 새로운 도약을 준비하는 중요한 기간이지만, 이 기간에는 파산과 채무 재조정으로 한동안 경제성장이 뒷걸음질 치며 불황이 가속화된다. 이 때문에 미국처럼 선거로 임기제 대통령을 뽑는 경우에는 자신의 임기 중에 디레버리징이 일어나지 않도록 최대한 막으려는 님티 현상이 나타나게 된다.

문제는 미국 정부나 연준이 2000년 닷컴 버블 붕괴 이후 버블 붕괴가 일어날 때마다 최대한 디레버리징 강도를 약화시키고 속도를 늦추는 전략을 쓰고 있다는 점이다. 물론 고통스러운 디레버리징 과정 없이 또 다른 성장과 자산 가격 상승의 선순환이 시작된다면 좋겠지만, 구조조정이 늦어지면 과잉 생산이 계속되면서 자칫 실물 불황을 장기화시킬 우려가 있다.

특히 2020년 코로나19 위기 이후 연준과 미국 정부는 고통스러운 디레버리징 과정을 생략하고 끝없는 부양책으로 세계경제를 더

1부 세계경제를 뒤흔드는 부채 사이클의 이해

큰 버블로 이끌어가고 있다. 연준의 시도가 성공한다면 우리는 코로나19로 촉발된 불황의 고통을 최소화하면서 새로운 도약을 꿈꿀 수 있겠지만, 그렇지 못하면 연준이 인위적으로 부풀린 버블까지 더해져서 버블이 붕괴될 때 더 큰 위험에 노출될 수도 있다. 따라서 주가가 오른다고 해도 경계심을 늦춰서는 안 된다.

현재 연준에 대한 시장의 의존도가 과도하게 높아진 데다 2021년 이후 연준의 판단과 역량에 따라 세계경제의 판도가 달라질 가능성이 크기 때문에 다음 2부에서는 연준에 대해 집중적으로 알아볼 것이다. 연준을 정확히 이해해야 팬데믹 이후 연준이 만든 버블의 향방을 가늠할 수 있을 것이다.

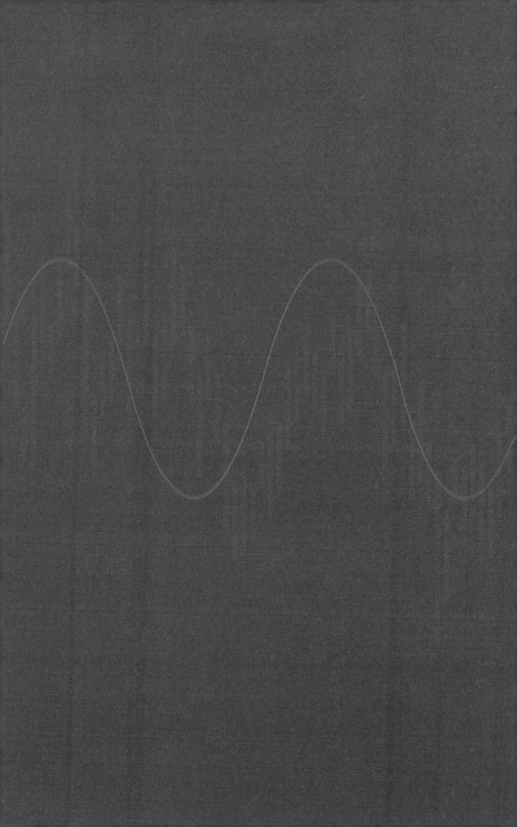

세계경제를 떠받치는 아틀라스,
연준의 탄생과 성장 그리고 위기

거신巨神, Titan 아틀라스는 거신족과 제우스 사이에 전쟁이 일어나자 동족인 거신족 편을 들었다. 결국 오랜 전쟁 끝에 승리를 쟁취한 제우스는 아틀라스에게 지구의 서쪽 모서리에서 두 손으로 넓은 하늘을 영원히 떠받치는 형벌을 내렸다. 이처럼 잠시도 쉬지 못하고 하늘을 떠받치는 형벌을 받은 아틀라스는 인내와 고역苦役을 상징하는 존재가 되었다.

여기서 힌트를 얻어 영국의 의학자 팀 캔토퍼Tim Cantopher는 힘겨운 직장생활과 육아를 병행하며 가정에 헌신적인 남성이 되어야 한다는 생각으로 극심한 압력과 스트레스를 받는 것을 아틀라스 증후군Atlas syndrome이라고 불렀다.[1] 문제는 현재 미국 경제에서 연준이 처한 상황이 바로 홀로 하늘을 떠받치고 있는 아틀라스의 처지와 같다는 점이다.

2020년 코로나19 사태 이후 미국의 경제는 붕괴 직전까지 내몰렸다. 이를 간신히 떠받친 것은 오로지 미국 연준의 양적완화와, 연준의 발권력에 기반한 온갖 구제금융과 긴급재난지원금이었다. 사실상 연준이 미국 경제, 나아가 세계경제를 양적완화로 떠받치고 있는 형국이라고 해도 과언이 아니다. 실물경제만 회복된다면 연준이 혼자 하늘을 떠받치고 있는 상황에서 벗어나겠지만, 실물경제의 회복이 늦어진다면 세계경제라는 '하늘'을 떠받치는 것은 오롯이 연준의 몫이 될

2부 세계경제를 떠받치는 아틀라스, 연준의 탄생과 성장 그리고 위기

것이다.

　이런 절체절명의 상황에서 연준의 역사를 통해 연준의 정확한 실체를 파악하는 것이 무엇보다 중요하다. 연준의 능력과 한계를 정확하게 이해해야 앞으로 또다시 위기가 닥쳤을 때 연준의 대응 방안과 그 성공 가능성을 가늠해볼 수 있기 때문이다. 2부에서는 연준의 태동 과정을 살펴보고 홀로 세계경제를 짊어지게 된 배경을 알아볼 것이다. 더 나아가 연준이 세계경제를 떠받치는 아틀라스로서의 역할을 무사히 해낼 수 있을지 그 역량을 면밀하게 분석해보고자 한다.

1
은행자본의
비밀 회동 속 출범하다

장면 1

세계 금융 역사의 한 획을 그은
'역사적 오리 사냥'

1910년 미국 조지아주에 있는 지킬섬의 최고급 리조트에서 세계 금융사를 바꿀 역사적인 '오리 사냥'이 열렸다. 이 모임은 사실 워싱턴D.C.와 월가의 실력자 일곱 명이 함께 미국의 중앙은행 격인 연방준비제도의 설립을 논의하는 자리였지만, 기자들을 따돌리기 위해 '오리 사냥'으로 위장한 것이었다.[2]

이들 일곱 명 중에는 미국 상원 금융위원장이자 JP모건의 사

PRESIDENT'S SIGNATURE
ENACTS CURRENCY LAW

Wilson Declares It the First of Series of
Constructive Acts to Aid Business.

Makes Speech to Group of
Democratic Leaders.

Conference Report Adopted in
Senate by Vote of 43 to 25.

Banks All Over the Country Hasten to
Enter Federal Reserve System.

Gov.-Elect Walsh Calls Passage of Bill
A Fine Christmas Present.

WILSON SEES DAWN OF   HOME VIEWS OF FOUR PENS USED
NEW ERA IN BUSINESS   CURRENCY ACT   BY PRESIDENT

ims to Make Prosperity Free to
Have Unimpeded Momentum.

연준을 탄생시킨 월가의 실력자들(좌, 1917)과 1923년 연방준비제도 법안 통과 소식을 담은 언론
보도(우).

업 동반자였던 넬슨 올드리치Nelson W. Aldrich와 당시 실질적으로 금융
시장을 지배하던 은행 재벌 JP모건의 대리인 헨리 데이비슨Henry P.
Davison 등 민간은행 관계자들이 포함되어 있었다. 중앙은행의 탄생
을 민간은행의 임원들이 결정한 셈이다. 심지어 회의가 열렸던 지
킬섬의 고급 리조트도 JP모건의 소유였다.

당시 회의에 참석했던 프랭크 밴덜립Frank Vanderlip 내셔널시티뱅크
(현 시티뱅크) 은행장은 이 비밀 회합에 대해 이렇게 기록을 남겼다.
"우리는 조심스럽게 기차역으로 오라는 지시를 받았다. 거기에는
올드리치의 개인 차량이 대기하고 있었다. 금융 재벌을 대표하는
우리 특별 그룹이 금융 관련 법안을 마련했다는 사실이 대중에게
알려지면 그 법안은 의회를 통과할 기회조차 가질 수 없었기 때문
이었다."[3]

이들은 자신들의 법안이 환영받지 못할 것을 잘 알고 있었기 때문에 다수 의원들이 크리스마스 휴가를 떠난 1913년 12월 23일에 연방준비제도 설립 법안을 상정해 통과시켰다. 그리고 크리스마스이브에 대통령 서명을 거쳐, 1914년에 드디어 미국의 독특한 중앙은행 제도인 연준이 출범하게 되었다.

*

미국 건국 초기부터 중앙은행을 만들려는 시도는 있었다. 하지만 온갖 방해와 제약에 가로막혀 설립조차 못하거나 우여곡절 끝에 설립된 경우에도 소리 소문 없이 해산되기 일쑤였다. 건국의 아버지 중 한 명인 벤저민 프랭클린Benjamin Franklin의 제안으로 중앙은행이 설립되어 잠시 운영된 적도 있지만 이내 폐지되었다. 이후에도 중앙은행은 설립과 해산을 반복했다.

왜 미국에서는 중앙은행을 만들려는 노력이 끊임없이 있었음에도 불구하고 일찌감치 자리잡지 못했던 것일까? 당시 막강한 힘을 갖고 있던 미국의 은행자본은 중앙은행이 설립될 경우 자신들의 영향력이 약화되고 이윤이 줄어들 것을 우려해서 이를 지속적으로 방해했기 때문이다.

대신 민간은행은 금융 위기가 일어날 경우 스스로 손해를 감수하면서 중앙은행 역할을 수행했다. 금융 위기를 막지 못해 피해가

걷잡을 수 없이 커질 경우에는 중앙은행 설립 요구가 거세질 것을 우려했기 때문이었다. 그럼에도 금융 위기는 끝없이 반복되었고, 그때마다 매번 민간은행에 손을 벌려야 했기 때문에 민간은행에 의존하지 않고 위기를 해결할 수 있는 중앙은행에 대한 설립 요구는 좀처럼 잦아들지 않았다.

그러다 1907년에 일어난 금융 공황이 모든 것을 바꾸어놓았다. 당시 뉴욕 신탁회사(고객의 재산을 유가증권 등에 투자하고 이를 운용해 수수료를 제외한 수익을 고객에게 지급하는 금융회사) 중에서 두 번째로 큰 니커보커신탁Knickerbocker Trust Company이 구리회사 주가를 무리하게 끌어올려서 일확천금을 노리다가 실패했다는 소식이 전해졌다. 그 결과 예금자들이 줄지어 돈을 빼가는 뱅크런이 일어나 니커보커신탁은 파산하고 말았다.

그 파장은 니커보커의 파산만으로 끝나지 않고 신탁회사에 대한 전반적인 불신으로 이어지면서 곳곳에서 뱅크런이 일어나 미국 증시는 고점 대비 30%나 폭락했다. 하지만 당시 미국에는 중앙은행이 없었기 때문에 연방정부는 두 손을 놓고 있을 수밖에 없었다. 결국 은행 재벌인 JP모건이 직접 은행장들을 모아 구제금융 자금을 만들어 금융 시스템의 붕괴를 간신히 막아냈다.

덕분에 JP모건이 없었다면 세계대공황은 1929년이 아니라 1907년에 시작되었을 것이라는 찬사를 받았지만, 동시에 "다음에 또 위기가 왔을 때 은행자본인 JP모건의 자발적인 도움이 없으면 당국은 아무것도 할 수 없는가?"라는 우려가 나오기 시작했다. 워싱턴 정가에서 이번에야말로 금융시장의 조정자인 중앙은행을 만들어야 한다는 목소리가 점차 커져갔다.

　JP모건 등 금융자본은 늘 그랬듯이, 당시에도 중앙은행 설립에 반대했다. 하지만 중앙은행 설립 요구가 점점 높아지자 JP모건은 은행자본과 정치권, 행정부를 모아 중앙은행 설립에 주도적인 역할을 하는 방향으로 태세를 전환했다. 그렇게 추진된 것이 바로 오리 사냥으로 위장했던 지킬섬의 비밀 회동이었다.

　JP모건은 연준의 설립을 용인하는 대신, 당시 집권당이었던 공화당과 함께 연준의 대표와 이사들을 모두 자신의 사람들로 채우려 했다. 하지만 민주당의 우드로 윌슨Thomas Woodrow Wilson이 대통령에 당선되면서 그들의 계획은 수포로 돌아갔다. 윌슨 대통령은 연준의 이사를 대통령이 지명하는 방식으로 바꾸고, 12개의 연방준비은행을 총괄하는 연방준비제도이사회를 월가의 영향권에 있는 뉴욕이 아닌 워싱턴D.C.에 두기로 했다.

　하지만 윌슨 대통령의 노력에도 연준은 여전히 은행자본의 막강한 영향력 하에 놓여 있었다. 우선 JP모건과 내셔널시티뱅크 등 민간은행이 출자해 자본금을 대는 방식으로 연준이 설립되었다. 게다가 연준에 출자한 민간은행은 해마다 연 6%의 배당금을 챙겨갔다.

　연준에 출자한 민간은행들이 손쉬운 고수익 장사를 하고 있는데도 연준의 지분 구조는 잘 공개되지 않는다. 다만 1983년에 이

뤄졌던 종합 감사 결과 시티은행의 연준 지분이 15%로 가장 높고, 체이스맨해튼은행Chase Manhattan Bank이 14%, 모건신탁Morgan Guaranty Trust 이 7% 등의 순으로 지분이 많은 것으로 나타났다.[4] 게다가 연준 지분은 좀처럼 거래되는 일도 없기 때문에 사실상 처음 출자에 참여했던 소수의 민간은행이 그 이득을 장기간 독식해온 셈이다.

게다가 연준 의장이 세계경제 대통령이라고 불릴 만큼 연준이 세계경제에 대해 막강한 영향력을 갖고 있지만, 연준은 어떤 기관으로부터도 견제를 받지 않는다. 연준의 의사결정은 대개 대통령이나 행정부, 의회의 비준조차 받지 않는다. 심지어 연준의 결정에 심각한 문제가 있어도 법적 책임을 진 적은 거의 없다.

또한 설립 당시 JP모건의 인사들이 대거 연준 이사로 진출하는 것만 막았을 뿐, 그 뒤에서는 연준과 민간은행 사이에 끈끈한 인사 교류가 빈번히 일어났다. 연준 이사가 민간은행의 임원으로 자리를 옮기거나, 반대로 금융자본을 대표하는 인물이 연준 이사가 된 경우도 적지 않았다. 연준이 미국의 금융자본인 월가의 영향권 안에 있었기 때문에 1929년 대공황을 전후해서 금융권의 눈치를 보느라 뚜렷한 통화정책의 목표를 세우지 못했고, 심지어 잘못된 정책으로 경제 위기를 확대 재생산했다는 비판도 적지 않다.

특히 대공황 직전이었던 1920년대 후반에는 이미 자산 가격이 부풀어 오르며 심각한 버블 신호가 나타나기 시작했는데도 연준은 팽창적 통화정책으로 자산 버블을 키웠다. 연준 덕분에 유동성이 넘쳐나자 금융회사들은 더욱 투기적인 투자에 몰두했고, 주가는 폭등을 거듭했다.

이미 자산 버블이 심각한 상황으로 치달은 1929년 2월이 되어서야 로이 영Roy Young 당시 연준 의장은 '은행들이 투기를 조장하고 있다'면서 뒤늦게 긴축에 나섰다. 하지만 때늦은 긴축정책은 버블을 잠재운 것이 아니라 아예 터뜨려버리고 말았다. 연준이 긴축정책으로 돌아서고 8개월 만인 1929년 10월 28일 뉴욕 증시가 하루아침에 폭락세로 돌아섰다.

대공황이 일어난 다음에도 연준은 크나큰 오판으로 미국 경제를 나락으로 끌어내렸다. 앞서 살펴보았듯이 대공황 당시 달러를 금으로 바꿔달라는 금태환 요구가 빗발치며 금 유출이 가속화되자, 연준은 1931년 10월 9일 연리 1.5%였던 기준금리를 연 2.5%로 전격 인상했다. 그래도 금 유출이 멈추지 않자 연준은 기준금리를 또다시 연 3.5%로 끌어올렸다.

대공황 당시 미국 경제는 물가 하락의 악순환이 시작된 전형적인 디플레이션 불황에 빠져 있었다. 이를 극복하려면 연준이 돈을 풀고 금리를 낮춰야 하는데도 엉뚱하게 금리를 올리는 바람에 미국 경제는 더욱 깊은 수렁으로 빠져들고 말았다. 결국 1931년 시작된 긴축정책은 가뜩이나 어려웠던 미국 경제를 더욱 극심한 불황의 수렁으로 밀어 넣고 말았다.

지금 시각으로 보면 대공황 당시 연준의 금리 인상은 자해행위나 다름이 없다. 그렇다면 왜 연준은 돈을 풀어야 할 타이밍에 거꾸로 돈줄을 쥔 것일까? 1부에서 언급한 것처럼, 당시 금융정책에 막강한 영향력을 행사했던 은행자본은 미국이 금본위제를 포기할 경우 극심한 인플레이션이 일어날 것이라고 우려했기 때문이다. 물가가 오르게 되면 돈을 빌려준 채권자, 즉 금융회사들이 불리해진다.

하지만 은행들의 의도와 달리 대공황 하에서의 무리한 금리 인상은 미국 경제를 괴멸에 가까운 상황으로 몰아갔다. 금리 인상으로 돈줄이 마르면서 소비가 크게 줄어들자 물가 하락이 가속화하고 더 많은 일자리가 사라졌다. 그 결과 소비가 더욱 크게 줄어드는 디플레이션 악순환이 더욱 거세게 휘몰아치기 시작했다.

금리 인상의 후폭풍은 은행들에게도 부메랑처럼 돌아가 큰 피해를 입혔다. 기업과 가계 파산이 급증하면서 대출을 회수할 수 없게 된 중소형 은행들이 무더기로 지급불능 상태에 빠졌다. 금융 시스템이 다시 한 번 마비되면서 실물경제는 더욱 악화되었고, 1931년 6월 15%였던 미국의 실업률은 이듬해 28%까지 치솟았다.

연준의 실수는 여기에 그치지 않았다. 대공황이 야기한 최악의 불황에서 벗어나 1930년대 중반 이후에는 미국 경제가 점차 회복세로 돌아서기 시작했다. 그러자 당시 연준 의장이었던 매리너 에클스Marriner S. Eccles는 시중에 풀린 돈을 조기에 회수하겠다면서 세 차례에 걸쳐 지급준비율을 무려 50%나 인상했다.

간신히 회복세를 보이던 주식시장이 순식간에 공포에 빠지면서 주가가 급락했고, 그 충격이 또다시 실물경제로 전이되어 미국 경제가 주저앉았다. 이처럼 성급한 출구 전략으로 경제가 망가진 사건을 당시 연준 의장의 이름을 따서 '에클스의 실수Eccles's failure'라고 부른다. 80년 가까이 지난 지금까지도 도저히 잊히지 않는 연준의 치욕이 된 셈이다.

연준은 출범 15년 만에 일어난 세계대공황 당시 버블을 막기는 커녕 오히려 조장한 데다, 대공황 극복 과정에서는 잇따른 정책 실패로 그 신뢰에 금이 가기 시작했다. 대공황을 겪으면서 월가의 신뢰는 물론 연준의 신뢰도 바닥으로 떨어졌다.

2

폴 볼커,
무너진 연준의 위상을
다시 세우다

장면 2

살해 위협 속에서 경호원까지
대동해야 했던 인플레 파이터

키가 2미터에 이르는 폴 볼커 전前 연준 의장은 재임 당시 경호원까지 대동해야 했다. 재임 기간 내내 금리 인상에 반대하는 사람들의 무시무시한 협박에 시달렸기 때문이다. 심지어 괴한이 연준 이사들을 인질로 삼기 위해 샷건과 권총, 칼로 무장하고 연방준비은행 건물로 난입했다가 경비원들에게 간신히 제압된 사건까지 일어났다.[5]

볼커를 더욱 강하게 압박한 것은 백악관이었다. 볼커의 증언에 따르면, 1984년 재선을 앞두고 있던 레이건Ronald W. Reagan 대통령이 그를 백악관으로 불렀고, 그 자리에 동석했던 제임스 베이커James Baker 백악관 비서실장이 이렇게 말했다고 한다. "지금 대통령께서 재선 전까지 금리를 올리지 말라고 당신에게 명령하고 있잖소."[6] 볼커는 이 말을 듣고 연준의 독립성에 대한 대통령의 태도에 충격을 받았다고 소회를 밝혔다.

하지만 폴 볼커는 임기 내내 어떤 위협에도 굴복하지 않고 지속적으로 금리를 올림으로써 당시 미국 경제의 고질적인 문제였던 인플레이션 문제를 해결했다. 이 때문에 독일의 저명한 경제 전문가인 헨리 카우프만Henry Kaufman은 볼커를 '20세기 전 세계에서 가장 위대한 중앙은행 총재'로 평가하기도 한다. 하지만 볼커의 재임 당시 연준의 금리 인상은 미국 경제에 극심한 불황을 가져온 측면이 있기 때문에 평가가 엇갈리기도 한다.

분명한 것은 그가 의장으로 재임하는 동안 연준은 시장의 압력은 물론, 그 어떤 권력에도 굴하지 않는 굳건한 모습을 보이면서 위상이 한 차원 높아졌다는 점이다. 그가 끌어올린 연준의 위상은 앨런 그린스펀으로 이어지면서 '세계경제 대통령'이라는 별명에 걸맞을 정도로 지위가 더욱 공고해졌다.

*

앞서 살펴본 것처럼 연준은 설립 당시부터 은행자본에 휘둘린 데다 대공황을 더욱 악화시켰다는 오명까지 얻었다. 이렇게 대중의 신뢰를 잃었던 연준이 지금과 같은 위상으로 올라설 반전의 계기를 만든 것은 1951년 9대 연준 의장에 취임해 무려 19년 동안 최장수 재임 기록을 세운 윌리엄 맥체스니 마틴 주니어William McChesney Martin Jr.였다.

마틴 의장은 백악관이나 집권당 또는 금융권의 눈치를 보지 않고 냉정하게 정책 기조를 잡아나갔다. 그의 소신을 잘 보여주는 것이 바로 '펀치볼'의 비유다. 그는 1955년 뉴욕 투자은행연합회 초청 강연에서 "통화정책을 수행하는 사람은 박수를 기대해서는 안된다. 연준의 역할은 파티가 한창 무르익을 때 펀치볼을 치워버리는 것이다"라고 말했다.[7]

펀치볼이란 파티용 칵테일 음료를 담는 그릇으로, '펀치볼을 치운다'는 것은 결국 버블이 절정으로 다다르기 전에 금리를 인상해서 과열된 시장을 진정시키는 것을 뜻한다. 펀치볼을 치우는 것은 자산 가격이 끝없이 치솟기를 바라는 금융자본이나 시장 참여자의 비난을 받기 딱 좋은 일이다. 하지만 마틴은 자신의 말대로 파티가 끝나기 전에 금리를 인상함으로써 불황에 대비할 여력을 미리 확보해두었다.

1965년 베트남전쟁의 여파로 미국의 물가가 오르기 시작하자 연준의 독립성이 시험대에 오르게 되었다. 당시 린든 존슨Lyndon Johnson 대통령은 마틴 의장을 텍사스주에 있는 자신의 목장으로 불러서 연준이 금리를 올릴 경우 자신에게 정치적으로 부정적인 영향이 불가피하다며 금리 인상을 중단할 것을 넌지시 요구했다.

마틴은 이에 굴하지 않고 금리를 인상했다. 그런데도 존슨 대통령은 그의 능력과 도덕성을 높이 사서 1967년 그를 연준 의장으로 재임명했다. 마틴 의장의 의연한 대처와 이를 인정한 백악관 덕분에 마틴은 해리 트루먼Harry Truman부터 리처드 닉슨Richard Nixon까지 대통령을 네 번이나 바꾸며, 1970년까지 무려 19년 동안 연준 의장으로 재임했다.

우드로 윌슨 전 미국 대통령은 마틴 의장을 '연준의 진정한 설립자founder of the Federal Reserve'라고 칭했다. 또 미 연준 최초의 흑인 이사였던 앤드루 브리머Andrew Brimmer는 그를 '연준의 구원자savior of the Federal Reserve'라고 회고하기도 했다.[8]

마틴 의장이 되살린 연준의 위상을 한 차원 끌어올린 인물이 바로 1979년 12대 연준 의장으로 취임한 폴 볼커였다. 볼커가 연준 의장에 취임할 당시 미국 경제는 극심한 불황 속에서 물가가 급등하는 스태그플레이션stagflation(경기 침체stagnation와 인플레이션inflation의 합성어로, 물가가 상승하는 불황inflationary recession이라고도 부른다)에 빠져 있었다.

물가를 잡기 위해 금리를 올리면 경기가 위축되고, 경기를 살리기 위해 금리를 내리면 물가가 더욱 치솟기 때문에 스태그플레이션은 연준에게는 너무나 까다로운 문제였다. 이 같은 딜레마 상황에서 볼커는 자신의 임무가 '인플레이션 드래곤Inflationary dragon'을 죽이는 일이라고 목표를 명확히 하고 우선 물가를 잡는 일에 집중했다.

볼커 의장의 취임 당시인 1979년 미국의 소비자물가 상승률은 무려 11%나 되었다. 볼커 의장은 치솟아 오르는 물가를 잡기 위해 취임 당시 연 11.2%였던 기준금리를 석 달 만에 연 14%로 끌어올렸다. 그런데도 1981년 물가 상승률이 13%로 더 높아지자 1981년에는 기준금리를 20%대까지 끌어올리는 파격적인 금리 인상을 단행했다.

그 결과 기업들이 파산 위험에 처하고 실업률이 급증하자 살해 협박은 물론, 금리 인상을 중단하라는 백악관의 압력도 더욱 거세졌다. 특히 1980년은 지미 카터Jimmy Carter 대통령의 재선이 있는 해였는데도 그는 금리 인상을 중단하지 않았다. 금리 인상 결과, 1983년에는 드디어 미국의 물가 상승률이 3.2%로 떨어지면서 급속히 안정되기 시작했다.

이런 고금리정책 때문에 볼커 의장은 재임 기간 내내 인기가 없었다. 하지만 퇴임 후에는 미국 경제를 괴롭히던 고질적인 인플레이션 문제를 해결해, 레이건 대통령 시대에 경기회복을 앞당겼고, 빌

레이건 대통령과 폴 볼커 의장의 모습. 　　　　　　　　　출처: AP

클린턴Bill Clinton 대통령 시대에는 미국 경제가 다시 고성장 가도를
달리도록 중요한 초석을 마련했다는 측면에서 높은 평가를 받고
있다.

볼커 의장은 레이건 정부가 추진하던 금융 규제 완화 정책을 대
놓고 반대했다가 임기를 10개월 남기고 의장직을 내려놓아야 했다.
형식적으로는 자진 사퇴였지만 사실상 해임을 당한 셈이었다. 레이
건 정부는 금융 규제 완화를 주장하는 앨런 그린스펀을 연준 의장
으로 임명하고는 곧바로 상업은행과 투자은행을 확고하게 구분해
놓았던 글래스-스티걸법Glass-Steagall Act을 폐지했다.

레이건 정부가 금융 규제를 대폭 완화하자 금융 산업이 보기 드

문 호황을 누리기 시작했다. 하지만 볼커의 우려대로 규제 완화가 상업은행의 방만하고 위험한 투자를 부추기는 바람에 주기적으로 자산시장에 거대한 버블이 만들어졌고, 이는 2000년 닷컴 버블 붕괴와 2008년 글로벌 금융 위기를 불러온 주요 원인이 되었다.

노벨 경제학상 수상자인 조지프 스티글리츠Joseph E. Stiglitz 컬럼비아대 경제학 교수는 "한 해 11%를 넘나들었던 물가 상승률을 4% 아래로 떨어뜨린, 큰 업적을 세운 폴 볼커 연준 의장을 해임하고, 금융 규제가 필요 없다고 생각하는 앨런 그린스펀을 의장으로 임명한 것은 레이건 행정부 최악의 선택이었다"고 평가했다.[9]

3

그린스펀이 만든
연준의 영광과 오욕의 역사

장면 3

거장의 가방 두께가
시장을 흔들다

폴 볼커의 뒤를 이은 앨런 그린스펀은 무려 19년간 연준 의장을 역임하며 명실공히 '세계경제 대통령'으로 자리매김했다. 재임 기간 그의 영향력이 워낙 강했기 때문에 숱한 일화들을 남겼다.

그중 대표적인 것이 그린스펀의 '서류가방 지표Greenspan briefcase indicator'다. 당시 기준금리를 결정하는 미 연방공개시장위원회FOMC 가 열리는 날이면 시장은 엉뚱하게도 그린스펀의 가방에 집중했다. 만일 그린스펀의 서류가방이 얇으면 금리를 동결하고, 불룩하면 복잡한 서류가 담겨 있다는 뜻이어서 금리 인상 징후라고 생각했던 것이다.

그린스펀은 자서전에서 가방 두께를 결정한 것은 단지 도시락이 들었느냐 아니었느냐에 따른 것이었다면서 서류가방 지표는 잘못된 해석이라고 털어놨다. 하지만 그는 재임 기간에는 '서류가방 지표'에 대해 아무런 코멘트도 하지 않았기 때문에 시장은 매번 그의 가방을 보며 금융 정책의 방향에 대한 상상의 나래를 폈다.

게다가 그린스펀은 화법도 모호했기 때문에 모두가 그의 말을 해석하려고 애써야 했다. 청문회에서 한 하원의원이 "당신 말을 듣고 나니 이제야 당신 생각을 알 것 같다"고 하자, 그는 즉각 "당신이 내 생각을 알았다면 내 뜻이 잘못 전달된 것 같다"고 대꾸했다. 사실 그린스펀은 민감한 사안의 경우 일부러 모호하게 표현했기 때문에 그의 말을 듣고 그의 생각을 안다는 것 자체가 말이 안 됐을지도 모른다.

그가 모호하게 말할수록 시장은 그의 한마디 한마디에 주목했다. 그의 화법은 폴 볼커 이후 강력해진 연준의 권위에 신비로움까지 더하면서 연준의 위상을 절정으로 끌어올렸다.

앨런 그린스펀이 연준 의장에 취임하고 단 두 달 만인 1987년 10월 19일 월요일 아침, 다우 지수가 하루아침에 무려 23%나 폭락하는 검은 월요일 사태가 일어났다. 그러자 그린스펀은 자신이 그토록 신봉해온 '시장은 언제나 옳고, 절대 실패하지 않는다'는 시장주의 원칙을 버리고 시장에 직접 개입해서 주가를 떠받치는 쪽을 선택했다.

그 뒤에도 그린스펀은 위기가 닥칠 때마다 선제 대응으로 시장을 안정시켰다. 멕시코 국가 부도 위기, 동아시아 외환 위기, 러시아 채무불이행 사태에 이은 롱텀캐피털매니지먼트의 파산 등 온갖 위기가 닥칠 때마다 먼저 공격적으로 금리를 낮추고 적극적으로 금융시장에 개입해 위기를 극복해나갔다.

그런 와중에도 그는 결코 정치권과 타협하지 않고 소신껏 안정적인 금융정책을 펴나갔다. 1992년 재선을 앞둔 부시 행정부가 통화량을 늘리라고 요구했지만 그린스펀은 단번에 거절했다. 또 1996년 재선을 앞둔 클린턴 대통령도 성장률을 높이기 위해 통화량을 늘려달라고 요청했지만 그는 경기 과열 상태에서 그런 정책을 펼 수는 없다며 긴축정책을 유지했다.

그린스펀의 활약으로 연준은 창설 이래 가장 강력한 영향력을 행사하게 되었다. 그린스펀은 세계경제 대통령으로 불리면서 '경

세계경제 대통령으로 불리며 약 20년간 연준을 이끈 앨런 그린스펀.

제의 거장maestro'이라는 찬사를 받았다. 하지만 그가 거장이라는 칭호를 들은 데에는 전임 의장이었던 폴 볼커의 공이 크다. 폴 볼커가 기준금리를 20%대까지 올려놓은 탓에 금리만 낮추어도 얼마든지 경기 부양이 가능했던 것이다.

하지만 그가 거장이라는 칭호를 들으면서 위기를 넘길 때마다 단계적으로 금리가 낮아지고 유동성이 크게 늘어나 미국의 부채는 시간이 갈수록 불어났다. 특히 2000년 닷컴 버블 붕괴 이후 버블을 견제해왔던 과거의 정책 기조에서 벗어나 무리하게 장기간 저금리정책을 유지하면서 가계와 기업 등 민간 부채가 걷잡을 수 없이 불어나기 시작했다.

실제로 2000년 닷컴 버블 붕괴 직전 미국인들은 가계의 한 해

소득과 비슷한 수준의 빚을 지고 있었지만, 무리한 저금리정책의 여파로 불과 7년 뒤인 2007년에는 평균 가계 부채가 한 해 소득의 1.4배에 이를 정도로 불어났다. 그 결과 글로벌 금융 위기 직전 미국의 중산층은 가계소득의 5분의 1을 오직 빚을 갚는 데 써야 했다.[10]

2000년대 초반 시작된 2조 달러 규모의 주택자금 지원 사업은 부채 증가세에 불을 지폈다. 조지 부시George Bush 전 미국 대통령은 서민들이 모두 집을 가질 수 있는 사회ownership society를 만들겠다면서 주택 담보대출과 관련한 최소한의 건전성 규제마저 철폐했다. 그리고 서민들도 자기 돈 한 푼 없이 빌린 돈만으로 집을 살 수 있는 친서민정책으로 포장했다.

이런 정책은 집값 상승을 더욱 부채질했을 뿐만 아니라 서민들이 이미 가격이 치솟은 집을 무리하게 사도록 유도했다. 서민들은 집값 상승에 동참하기 위해 자신의 소득으로는 도저히 갚을 수 없을 만큼 많은 빚을 지기 시작했다. 이에 힘입어 부동산 가격이 더욱 치솟자, 부시 대통령은 집값 폭등을 자신의 중요한 치적으로 내세웠다.

문제는 이처럼 부동산 버블이 커진 상황에서 당시 연준 의장이었던 그린스펀이 저금리정책을 고집하는 바람에 집값 버블이 더욱 커졌다는 점이다. 2003년 경기회복이 가시화되자 많은 경제학자와 연준 연구원들이 주택시장 과열을 막기 위해 금리를 인상해야 한다고 의견을 모았다. 그러나 그린스펀은 경기회복의 가능성조차 보이지 않는다며, 오히려 기준금리를 연 1.25%에서 연 1%로 낮추었다. 당시 물가 상승률이 연 2%대였던 점을 고려하면 기준금리에서 물가 상승률을 뺀 실질 기준금리는 사실상 마이너스였다.

앨런 그린스펀이 처음부터 무리한 저금리를 고집했던 것은 아니었다. 2000년 닷컴 버블 이전 그린스펀은 집값이나 주가가 이상 과열 조짐을 보이면 선제적으로 시장을 진정시켰다. 예를 들어 1996년 주가가 급등했을 때 그린스펀은 이를 '비이성적 과열irrational exuberance'이라면서 시장에 강력한 경고의 목소리를 냈다. 하지만 2000년 이후에는 이상하리만큼 저금리정책을 고집해 스스로 버블을 야기하기 시작했다.

그러나 치솟던 집값과는 대조적으로 미국의 경제성장률은 2004년에 3.8%로 정점을 기록한 뒤 이듬해부터 지속적으로 하락하기 시작했다. 성장률 하락에도 집값과 주가가 더욱 가파르게 오르자 일부 경제 전문가들 사이에서는 이제 더 이상 자산 가격이 실물경제에 의존하지 않게 되었다는 주장까지 나오기 시작했다.

뒤늦게 연준이 기준금리를 올리자 2007년 1월을 기점으로 갑자기 부동산 가격이 하락하기 시작했다. 그러다 2007년 하반기부터는 낙폭을 키우더니 2008년에는 부동산 담보대출에서 대규모 부실 사태가 일어나 금융권 전체로 확산되면서 글로벌 금융 위기를 일으키는 도화선이 되었다. 결국 실물이 받쳐주지 못한 과도한 자산 가격 상승은 기대 심리와 투기에 의해 부풀어 오르는 허상에 불과했다는 것이 드러났다.

우리나라도 마찬가지였다. 미국의 부동산 가격이 급등했던 2006년 버블세븐으로 불렸던 서울 강남과 서초, 송파 등 일곱 개 지역의 아파트 3.3제곱미터당 가격이 한 해 전보다 무려 35.4%나 치솟았다. 하지만 2007년 이후 6년 이상 하락세가 지속되면서 20%가 넘게 추락했다.[11] 이 때문에 2006년에 부동산을 산 사람들은 2014년 부동산 가격이 반등할 때까지 큰 고통을 겪어야 했다.

오랜 저금리정책과 규제 완화로 금융 위기의 근본 원인을 제공했던 그린스펀 의장은 2006년 1월 극찬을 받으며 연준 의장 임기를 마쳤다. 2007년 시작된 자산 가격 하락과 뒤이은 금융 위기를 해결할 책임은 오롯이 후임 연준 의장인 벤 버냉키Ben Bernanke의 몫이 되었다.

하지만 2008년 글로벌 금융 위기가 터지고 그 위기의 진정한 원인이 하나둘씩 드러나자 찬사 일색이었던 그린스펀에 대한 평가가 급격히 악화되면서 심지어 글로벌 금융 위기를 불러온 주범으로 지목되기까지 했다.

그린스펀 본인도 자신의 잘못을 우회적으로 인정했다. 2008년 10월 23일 미 하원의 정부감시 및 개혁위원회 청문회에 불려나와 '자신의 시장경제 이론에서 허점을 발견했다Yes, I found a flaw'면서 글로벌 금융 위기 이전에는 자신이 믿었던 경제 이론이 분명히 잘 들어

맞았는데, 예기치 못한 글로벌 금융 위기가 일어나서 자신도 충격을 받았다고 고백했다.

물론 그린스펀 의장이 1980년대 후반부터 1990년대까지 수많은 경제 위기 속에서 세계경제를 지키며 연준의 위상을 한 차원 끌어올린 것은 분명하다. 하지만 2000년대부터는 거장이라는 명성에 취해 임기 마지막 순간까지 무리하게 버블을 유도했고, 결국 글로벌 금융 위기가 일어나는 단초를 제공했다. 버블의 파수꾼이어야 할 연준이 버블 제조기로 전락한 것이나 다름이 없었다.

4

'헬리콥터 벤'이라고?
그 오해와 진실

장면 4

주택 담보대출을 받으려다
퇴짜 맞은 벤 버냉키

　그린스펀 이후 '경제 대통령'으로 군림하던 벤 버냉키 전 연준 의장이 현직에서 물러난 2014년, 시중은행에 주택 담보대출의 저금리 전환refinancing을 신청했다.[12] 하지만 시중은행은 버냉키가 연준 의장을 그만둔 이후 안정적인 직업이 없다는 이유로 저금리 전환 대출 승인을 거부했다.

　버냉키는 연준 의장으로 재직하면서 20만 달러(2억 4,000만 원)의

연봉을 받았다. 하지만 연준 의장에서 물러난 이후에는 브루킹스 연구소에서 3만 5,000~4만 달러(약 4,000만~5,000만 원)를 받는 비정규직 연구원으로 근무했기 때문에 직장이 불안정하다며 대출 승인이 거부된 것이다.

버냉키 의장의 수입이 적었던 것은 아니었다. 그는 연준 의장에서 물러난 뒤 강연 한 번에 25만 달러(약 3억 원)를 받았고, 회고록 선인세만 해도 수백만 달러가 넘는 것으로 알려져 있었다. 그럼에도 대출 승인을 거부당한 사실은 글로벌 금융 위기 이후 은행의 대출이 얼마나 까다로워졌는지를 보여준다.

실제로 미국 시중은행들은 2008년 글로벌 금융 위기 이후 대출 요건을 강화해 돈줄을 죄었다. 특히 직업이 없는 사람에게 돈을 빌려줬다가 부실 대출이 폭증했던 탓에 직업·소득의 안정성이 대출의 가장 중요한 요소로 부각됐다. 시중은행들은 자신들의 사이트에 '직업적인 신분이 정규직에서 다른 직종으로 바뀌면 대출이 제한된다'고 명시할 정도였다.

대출 승인을 거부당한 버냉키 의장은 글로벌 금융 위기 이후 은행들이 자금 회수가 어려울 것을 우려해 대출 조건을 너무 까다롭게 만들었다고 지적했다. 또 연준이 양적완화로 풀어놓은 돈이 은행에만 갇혀 실물경제로 흘러가지 못한다고도 지적했다. 하지만 이는 버냉키가 만든 양적완화의 고질적인 문제 때문에 벌어진 일이었다.

*

  85년 역사를 자랑하는 투자은행 베어스턴스가 2007년 6월 심각한 유동성 위기로 파산하자 그해 9월 벤 버냉키 연준 의장은 전격적인 금리 인하를 단행했다. 그 뒤 1년 동안 시장이 안정세를 보이면서 그럭저럭 위기를 넘긴 듯했지만, 이듬해인 2008년 9월 리먼브라더스의 파산을 시작으로 메릴린치, AIG, 시티그룹이 차례로 파산 위기에 처하면서 글로벌 금융 위기가 시작되었다.

  연준은 긴급회의를 열고 기준금리를 파격적인 제로금리 수준(연 0~0.25%)으로 낮추었지만, 금융시장은 좀처럼 회복되지 않았다. 당시 금융시장은 거의 대공황을 방불케 할 정도로 큰 혼란에 빠졌다. 이 절체절명의 위기에서 미국 경제를 구원한 것은 금융 당국의 신발명품이었던 '양적완화'였다.

  양적완화라는 금융정책이 널리 알려진 계기는 글로벌 금융 위기였지만, 양적완화의 원조는 사실 미국이 아니라 일본이다. 1989년 일본의 자산 버블 붕괴 이후 자산 디플레이션이 좀처럼 끝나지 않자, 1999년 일본은행은 금리를 연 0.02%로 낮춰 사실상 제로금리 정책을 단행했다. 하지만 아무리 금리를 낮춰도 경기 부양은커녕 자산 가격조차 회복되지 않았다.

  이런 상황에서 일본이 2001년에 도입한 마지막 회심의 카드가 바로 양적완화였다. 양적완화는 민간 금융회사가 보유하고 있는 국채 등을 사들이는 대신 금융회사에 현금, 즉 엔화를 찍어서 지급하는 정책이다. 일본은 2001년 처음으로 양적완화를 도입한 이후 5년 동안 40조 원어치의 채권을 사들였다.

하지만 조심성이 컸던 일본은행은 양적완화의 효과를 확신하지 못하고 지나치게 신중하게 운용한 탓에 그 효과는 크지 않았다. 게다가 2007년 말부터 미국발 글로벌 금융 위기의 전조前兆와 함께 신용 경색이 나타나는 바람에 그나마 작동하던 양적완화의 효과도 모두 사라졌다.

하지만 일본의 양적완화는 2008년 글로벌 금융 위기를 극복하기 위해 절치부심하던 미 연준에 큰 영감을 주었다. 금리 인하만으로는 주가와 부동산 값 폭락, 그리고 신용 경색을 막을 수 없었던 연준은 [그림11]과 같이 2008년 11월 6,000억 달러 규모의 주택 담보 증권MBS을 사들인 것을 시작으로 16개월 동안 총 1조 7,250억 달러(약 2,000조 원) 규모의 1차 양적완화를 실시했다.

일본의 양적완화와는 비교할 수 없을 정도의 대규모 양적완화는 미국 자산시장에 마법과 같은 효과를 가져왔다. 양적완화와 S&P 500지수의 관계를 나타낸 [그림12]를 보면 1차 양적완화가 실시되자마자 끝을 모르고 폭락하던 미국의 S&P 500지수가 곧바로 상승세로 돌아서서 최저점 대비 무려 74%나 상승하는 놀라운 반등에 성공했다.

금융 위기 속에서 주가가 예상보다 훨씬 빠른 속도로 폭등하자

그림11. 연준이 시행한 양적완화의 시기와 규모

양적완화 프로그램	기간	규모
1차	2008.11.25~2010.03.31.	1조 7,250억 달러
2차	2010.03.11~2011.06.30.	6,000억 달러
3차	2012.09.13~2014.08.13.	1조 8,550억 달러 이상

*이 표에는 2011년 9월 21일에 시작된 연준의 오퍼레이션 트위스트는 반영되지 않았다.

출처: Fed

버블을 우려한 연준이 2010년 3월에 1차 양적완화를 중단하고 아주 미세한 수준으로 국채를 다시 팔아 시중에 풀린 달러를 일부 회수했다. 그 결과 S&P 500지수가 곧바로 하락세로 돌아서서 고점 대비 13% 하락하는 등 금융 불안이 다시 나타났다.

당황한 연준은 양적완화를 중단한 지 7개월 만에 다시 2차 양적완화를 선언하고 추가로 6,000억 달러(약 700조 원)를 시장에 풀었다. 그러자 자산시장이 급속히 안정되면서 S&P 500지수가 24% 반등했다. 정확히 연준이 돈을 푼 만큼 주가가 다시 반등한 것이다.

2011년 6월 연준이 또다시 양적완화를 중단하고 현금 회수에 들어가자 주가는 18% 하락했다. 양적완화에 따라 증시가 출렁이자 2012년 9월 연준은 자금의 한도나 기한을 정하지 않고 시장이 완전히 안정될 때까지 장·단기국채를 파는 오퍼레이션 트위스트

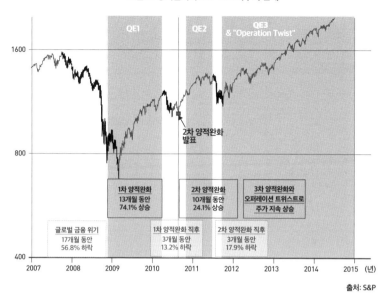

그림12. 양적완화와 S&P 500지수의 관계

출처: S&P

Operation Twist를 시행하겠다고 선언했다. 사실상 3차 양적완화이자 무제한 양적완화를 선언한 셈이었다.

이와 동시에 S&P지수가 급등해 무려 11년에 걸친 미국 역사상 최장기간의 증시 호황이 시작되었다. 미 연준은 양적완화로 풀린 돈을 회수할 것이라고 여러 차례 공언했지만 이를 시행하지 못했다. 결국 2014년 10월까지 오퍼레이션 트위스트를 지속하며 주식시장의 버팀목을 자처한 셈이 되었다.

주목할 점은 미국의 양적완화로 전 세계 주가가 동시에 상승하기 시작했다는 점이다. 우리 코스피도 2008년 11월 900선까지 추락했다가 미국의 양적완화 선언과 동시에 급반등을 시작해, 2차 양적완화가 끝날 무렵인 2011년 5월에는 2,200선을 넘어섰다. 하지만 2차 양적완화 종료 직후 코스피는 1,600선까지 급락하더니 이후 5년 동안 1,800~2,000선의 박스권에 갇히고 말았다.

그렇다면 양적완화만 하면 왜 이렇게 주가가 오르는 것일까? 사실 양적완화를 처음 도입할 당시만 해도 달러를 찍어 시중은행이 보유한 국채를 사주면, 은행들이 국채를 판 돈으로 대출에 나설 것이라는 기대가 있었다. 이 때문에 양적완화 초반에는 이를 헬리콥터 머니로 오해하는 경우가 많았다.

이런 오해를 산 것은 버냉키 전 연준 의장의 발언 때문이었다. 그는 2002년 워싱턴 전미 경제학자 모임에서 '헬리콥터 머니Helicopter Money'를 언급했다. 그는 당시 연설에서 "돈을 찍어내 세금을 깎아 주는 것은 밀턴 프리드먼Milton Friedman의 그 유명한 '헬리콥터 머니'와 같다"면서 디플레이션과 싸우려면 헬리콥터 머니를 도입해야 한다고 주장했다.

헬리콥터 머니란 1969년 저명한 경제학자인 밀턴 프리드먼이 자신의 논문에서 처음 언급한 것으로, 중앙은행이 새로 찍어낸 돈을 헬리콥터에서 뿌리듯 시중에 공급하는 것을 뜻한다. 그리고 실제로 글로벌 금융 위기 이후 양적완화로 돈을 뿌리면서 벤 버냉키에게는 '헬리콥터 벤Helicopter Ben'이라는 별명이 생겼다.

하지만 양적완화는 미국 대중에게 돈을 살포하는 헬리콥터 머

벤 버냉키 연준 의장의 양적완화 정책을 풍자한 당시 만평.　　© MERK INVESTMENTS, LLC

니와는 거리가 멀었다. 양적완화 정책으로 풀린 돈은 대부분 은행에만 머물렀고 대중에게는 좀처럼 흘러가지 않았다. 오히려 양적완화의 효과로 자산 가격만 급등해 극소수 부자들만 더 큰 부를 축적했을 뿐, 국민들의 삶은 전혀 나아지지 않았다. 도대체 왜 이렇게 되었을까?

　가장 큰 문제는 연준이 아무리 양적완화로 천문학적인 규모의 달러를 풀어도 버냉키 자신이 대출 거절을 당할 정도로 은행들이 선뜻 대출에 나서지 않았다는 것이다. 은행들은 글로벌 금융 위기 이후 파산 위기에 내몰릴 정도로 돈을 떼인 경험을 했기 때문에 기업이나 가계에 대한 대출을 극도로 기피했다.

심지어 양적완화로 풀린 돈을 은행이 다시 연준에 재예치하기도 했다. 당시 연준이 예치금에 주는 금리는 거의 제로 수준이었는데도 시중은행들은 돈을 굴리기보다는 차라리 안전하게 보관하는 쪽을 택한 것이다. 그 결과 양적완화로 풀린 돈의 상당 액수는 중앙은행과 시중은행의 거래로 끝나고 말았다.

대신 양적완화는 주가와 부동산값 등 자산시장을 부양하는 데는 놀라운 효과를 발휘했다. 연준의 금리정책은 초단기금리인 기준금리를 인하함으로써 간접적으로 중기금리나 장기금리까지 낮아지도록 유도하는 정책이다. 이 때문에 기준금리를 낮춰도 중기금리나 장기금리가 움직이지 않는다면 기준금리 인하에 따른 정책 효과를 기대하기는 어렵게 된다.

평소에는 기준금리를 낮추면 중·장기금리도 함께 낮아지는 것이 일반적이지만 극심한 경제 위기 상황에서는 금융 시스템이 무너지기 때문에 이 같은 메커니즘이 작동하지 않아 아무리 기준금리를 제로금리 수준으로 낮춰도 중기금리나 장기금리가 하락하지 않게 된다.

양적완화가 등장하기 전에는 이런 상황이 와도 연준이 할 수 있는 일은 제한적이었다. 하지만 연준이 달러를 찍어 시중에서 막대한 물량의 국채를 사들이는 양적완화를 실시하면 공급이 일정한 가운데 수요만 크게 늘어난 셈이어서 국채 가격이 상승하게 된다. 그 결과 국채 가격과 역의 관계에 있는 국채 금리가 하락하게 된다.

국채 가격과 금리의 관계를 단순화해서 설명하기 위해 만기 이자를 미리 할인해서 발행하는 할인채discount bond를 예로 들어보자. 만기가 되면 이자와 원금을 합쳐서 1만 1,000원을 받는 금리 10%의 1년 만기 할인채의 현재 가격은 11,000/(1+0.1)=10,000원이다. 그런데 금리가 5%로 낮아지면 이 채권의 가격은 11,000/(1+0.05)=10,476원이 된다.

연준이 중기국채나 장기국채의 매입 물량을 정교하게 조절하면 1년 물이든 10년 물이든 만기에 따른 국채 금리를 정확히 연준이 원하는 수준으로 유도할 수 있다. 이 때문에 기준금리를 낮춰서 간접적으로 중·장기금리를 조절하는 기준금리 정책에 비해 양적완화가 더욱 강력한 효과를 발휘하게 된다.

게다가 연준의 양적완화로 국채 가격이 올라가면 금융회사의 포트폴리오에도 직접적으로 영향을 미치게 된다. 금융회사들의 자산 가운데 가장 비중이 큰 것은 채권과 주식이다. 그런데 연준이 양적완화로 국채 값을 올려놓으면 금융회사들이 현금만 고집하는 경우가 아니라면 상대적으로 고평가된 국채를 팔고 저평가된 주식을 사게 된다. 게다가 이미 금융 위기나 신용 경색으로 주가가 폭락한 상태라면 주식의 상대적 매력은 더욱 부각된다.

미국의 수많은 펀드 중에는 채권과 주식의 투자 비중을 고정시켜놓은 경우가 적지 않다. 예를 들어 전체 투자금의 60%는 국채에, 40%는 주식에 투자하기로 정해놓은 펀드를 가정해보자. 만일 경제 위기가 발생해 주가는 절반으로 폭락한 상황에서 연준이 양적완화로 국채 가격을 50% 끌어올렸다면 이 펀드는 어떻게 행동하게 될까? 이 펀드가 다시 국채와 주식의 투자 비중을 60% 대 40%로 맞추기 위해서는 국채를 대량으로 팔고 주식을 대거 사들여야 한다. 이 또한 연준의 양적완화가 주가를 대폭 끌어올리는 주요 경로가 된다.

이처럼 자산 가격이 오르면 경제 위기 초반에 찾아오는 신용 경색이 완화된다. 신용 경색 상황에서는 대출금을 떼일 것을 우려한 금융회사들이 무더기 대출 회수에 나서면서 만기 연장이 어려워지고 신규 대출도 중단된다. 여기에 자산 가격까지 폭락해서 담보 여력마저 줄어들면 금융회사의 상환 압박은 더욱 거세지지만 자산 가격이 회복되면 압박은 완화된다.

또 주가가 회복되면 경기 불황으로 자금 부족 상황에 빠진 기업들이 주식시장을 통해 자금을 조달할 수 있게 된다. 이를 통해 기업들이 자본을 확충하면 부채 비율을 낮추거나 신규 투자에 활용할 수 있다.

가장 중요한 것은 경제 위기로 주가와 부동산 가격이 떨어지면 자신들이 보다 가난해졌다는 생각에 소비가 급격히 줄어드는 역자산효과가 나타나게 되는 반면, 자산 가격을 반등시키면 반대로 순자산효과에 따른 소비 증가를 기대할 수 있다는 점이다.

벤 버냉키는 이런 의도를 굳이 숨기려 하지 않았다. 그는 "주택 가격이 오르면 부자가 된 듯한 기분에 더 많은 돈을 소비하려 할 것이다. 또 주택 가격이 계속 오르면 집값이 오를 것이라는 기대감에 집을 사는 사람이 늘어날 것이다. 주가도 마찬가지다. 주가가 오르면 사람들은 더 많이 소비하려 할 것이다"라면서 양적완화의 진짜 숨은 효과를 털어놨다.[13]

양적완화의 성공을 가르는 가장 중요한 요건은 금융 위기로 폭락했던 자산 가격을 전고점 이상으로 끌어올릴 수 있는지, 그리고 적어도 실물경제가 본격적으로 회복되기 전까지 그 상승세를 유지할 수 있는지다. 만일 양적완화로 자산 가격을 끌어올리지 못한다면 정책은 실패로 끝날 확률이 커진다.

연준이 일단 양적완화를 실시한 상황에서는 크고 작은 경제적 충격이 올 때마다 매번 시장에 개입해 증시를 부양할 수밖에 없다. 그 결과 시장에서는 어떤 위기가 와도 연준이 증시를 떠받칠 것이라는 위험한 기대가 자라났다. 주식은 더 이상 위험 자산이 아니라 '연준이 보증한' 고수익 안전자산이 되고, 너도나도 주식 투자에 나서게 되는 것이다.

결국 양적완화가 대중의 삶을 개선하지 못한 채 오직 자산 가격만 끌어올리게 되자 글로벌 금융 위기 이후 빈부격차 확대와 저성장의 고착화라는 문제가 대두되었다. 게다가 미국을 경제 위기에 빠뜨린 금융회사의 주범들이 수백만 달러에서 수천만 달러의 보너스를 챙기는 것을 보고 분노한 시민들은 '월가를 점령하라Occupy Wall Street'는 구호를 외치며 시위에 나서기도 했다.

5
이번엔 다르다,
코로나19 이후 양적완화

장면 5

관행을 깬 파월의 TV인터뷰,
진짜 '헬리콥터 머니'를 선언하다

코로나19가 급속히 확산되던 2020년 3월 26일, 파월은 연준 의장으로서는 이례적으로 미국의 지상파 채널인 NBC뉴스에 출연해 적극적이고 단호하게 조치를 취하겠다고 선언하며 시장을 안심시켰다.

그러나 대부분의 언론에서 크게 다뤄지지 않았지만 이날 파월의 말에서 가장 주의 깊게 들어야 했던 것은 "우리는 다른 차원

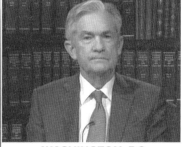

NEW YORK

WASHINGTON, DC

FEDERAL RESERVE CHAIR LIVE
POWELL ON CORONAVIRUS CRISIS, ECONOMIC TROUBLES AND FUTURE FORECAST

TODAY

2020년 3월, 팬데믹 공포 속에 NBC뉴스에 전격 출연한 제롬 파월 연준 의장.

other dimensions에서 경제를 지원할 정책적 여력을 가지고 있다"는 말이었다.[14]

이미 3월 3일과 15일에 걸쳐 기준금리를 사실상 제로금리로 낮추고 무제한 양적완화까지 선언한 상황에서 '다른 차원'의 정책이란 바로 연준의 무제한적 발권력을 동원해 자영업자와 소상공인 그리고 가계에까지 돈을 뿌리는 것이었다.

과거 글로벌 금융 위기 당시 버냉키 의장의 양적완화가 오직 은행권에만 자금이 머물면서 자산 가격만 끌어올렸던 것과는 달리 진정한 헬리콥터 머니의 도래를 선언한 셈이었다. 그렇다면 '진짜' 헬리콥터 머니 정책은 세계경제에 어떤 영향을 미치게 될까?

*

2018년 연준 의장에 취임한 제롬 파월은 마치 '아낌없이 주는 나무'라도 된 것처럼 시장이 원하는 모든 것을 제공했다. 특히 경제적 충격이 가시화되지 않고 단지 위기설만 나와도 선제적으로 금리를 인하하거나 돈을 풀어서 시장의 요구에 부응했다. 덕분에 시장 참여자들은 정말 아무런 위험 부담 없이 주식이나 부동산 같은 위험 자산에 대한 투자를 늘려나갈 수 있었다.

대표적인 사례가 2019년 연준의 '예방적 금리 인하insurance cuts'였다. 2018년 12월만 해도 연준의 이사들이 제시한 기준금리 전망치 점도표dot plot의 중간값은 연 2.9%였다. 연준의 점도표란 금리를 결정하는 연준 이사회 이사 17명이 각자 생각하는 기준금리 전망치를 점으로 찍은 그래프를 뜻한다. 당시 금리가 연 2.25~2.5%였던 것을 고려하면, 연준 이사들의 점도표는 2019년에 세 번 정도 금리를 인상할 것이라고 예고한 셈이었다.

하지만 장·단기금리 차가 역전되는 등 위기의 신호가 나타나자 월가에서는 11년이나 지속된 미국 역사상 최장기의 증시 호황이 끝나고 조만간 경제 위기가 시작될 것이라는 '2020년 위기설'이 확산되었다. 게다가 미중 무역 갈등이 점점 노골화되자 연준은 이를 핑계로 금리 인상 계획을 철회하고 무려 세 번이나 금리를 낮추었다. 파월 의장은 이 같은 조치를 '예방적 금리 인하'라며 애써 의미를 부여했다.

지금까지 연준은 주요 금융회사의 파산이나 신용 경색 등 경제 위기가 본격화된 경우에 금리를 인하했지, 미중 무역 전쟁의 여파처럼 혹시 모를 위험에 대비해 예방적 차원에서 금리를 인하한 적은 거의 없었다.

특히 연준이 금리 인하를 단행한 2019년 7월에는 여전히 증시가 활황이었기 때문에 '예방적 금리 인하'까지 단행되자 시장은 더욱 뜨겁게 달아올랐다. 실업률 지표가 개선되면 금리 인하가 중단될 것이라는 우려로 주가가 하락하고, 오히려 실업률 지표가 악화되면 추가적 금리 인하 조치가 나올 것이라는 기대감에 주가가 상승하는 기현상까지 일어났다.

심지어 미국이 유럽과 무역 전쟁을 시작하거나 미중 무역 갈등이 극도로 심화되는 것조차 금리 인하 가능성을 높인다며 주가 상승의 재료로 삼기 시작했다. 시장에서는 악재가 터질수록 연준이 금리를 인하해, 마치 해결사처럼 모든 문제를 해결해줄 것이라는 위험하고 비정상적인 기대가 자라나기 시작했다.

2019년 9월에는 연준에 대한 시장의 의존도를 높이는 극적인 사건이 있었다. 자본시장의 윤활유 역할을 하는 단기자금시장인 레포시장repurchase agreement market(미리 정해둔 금액으로 환매일에 환매수할 것을 조건으로 매도하거나 환매도할 것을 조건으로 매수하는 레포 거래가 이루어지는 시장)에서 연리 2%대였던 1일 물overnight 금리가 하루아침에 연리 10%로 뛰어오르는 이상 현상이 나타난 것이다.

사실 레포시장은 미국채나 공사채를 담보로 거래하는 안전한 시장이어서 금융 위기를 제외하고는 자금줄이 마른 적이 거의 없었다. 그런데 2008년 글로벌 금융 위기 당시에 레포 금리가 급등한 적이 있었기 때문에 월가가 이를 떠올리며 2020년 위기설로 공포를 다시 한 번 자극했다.

미 연준은 레포시장에 신속하게 천문학적인 자금을 공급했고 곧바로 모든 문제가 해결되었다. 심지어 연준은 2020년 1월까지 자금 공급을 지속하겠다고 선언하며 애프터서비스까지 자청한 셈이 되었다. 이후 코로나19 사태가 터지자 연준은 2020년 하반기까지 레포시장에 대한 개입을 연장하겠다고 선언했다.

레포시장에 풀린 돈은 양적완화와 유사한 효과를 내면서 직·간접적으로 증시에 유입되었다. 그 결과 2019년 하반기의 세 차례 금리 인하와 맞물려 2019년 연말 미국 증시를 끌어올리는 결정적 원인을 제공했다.

연준은 자산 버블에 맞서 자산시장의 건전성을 지켜왔던 '시장의 파수꾼'에서 자산 버블을 지키는 '버블의 파수꾼'으로 전락했다. 전 연준 의장이었던 '볼커의 펀치볼' 비유에 빗대어 보면, 이제 파티가 절정에 이르렀는데도 연준이 펀치볼을 치우기는커녕 끝없이 펀치볼을 공급하는 바람에 파티는 모두 만취해서 난장판이 될 때까지 지속될 상황에 처한 것이다.

그림13. S&P 500지수와 미국 연방기금 금리 비교

출처: MacroMicro

바로 이런 상황에서 코로나19 사태가 일어나 2월 말을 기점으로 미국 주가가 폭락하자 2020년 3월 3일 제롬 파월 연준 의장은 예정에 없던 연방준비제도 이사회 긴급회의를 열고 연 1.5~1.75%였던 기준금리를 0.5%p 전격 인하했다. 연준이 긴급회의를 열고 금리를 내린 것은 글로벌 금융 위기 이후 12년 만의 일이었다.

하지만 미국의 경제 상황은 고작 0.5%p 금리 인하만으로 회복되기에는 이미 늦었다. 미국의 연방기금 금리와 S&P 500지수를 비교한 [그림13][15]을 살펴보면 기준금리를 전격 인하했음에도 주가는 계속 급락한 것을 확인할 수 있다. 시장은 금리 인하에 따른 긍정적인 효과를 무시하고, 상황이 얼마나 안 좋으면 연준이 예정

2부 세계경제를 떠받치는 아틀라스, 연준의 탄생과 성장 그리고 위기

에도 없던 긴급회의까지 열어 금리를 낮췄을까 하는 공포감에 사로잡혔다.

금리 인하에도 증시 폭락이 계속되자 연준은 12일 뒤인 3월 15일에 또 한 번 긴급회의를 열고 기준금리를 1%p 추가 인하해, 사실상 제로금리인 연 0~0.25%로 낮추었다. 그리고 7,000억 달러 규모의 양적완화도 발표했지만 이조차 이미 공포 단계로 접어든 시장을 안심시키지 못했다.

연준은 3월 17일부터 19일까지 날마다 기업 어음 매입, 주요국 중앙은행과 통화 스왑 체결 등 파격적인 대책을 내놓았다. 그런데도 급락하는 시장을 반전시키지 못하자 23일에는 시중의 국채와 주택저당증권MBS을 닥치는 대로 사들이겠다며 전례 없던 무제한 양적완화를 발표했다. 이렇게 부양책 폭탄이 발표되자 [그림13]에서 확인할 수 있듯이 주가가 급반등하기 시작했다.

연준의 대책이 여기에 그쳤다면 규모나 대상이 조금 달랐을 뿐, 본질적으로는 버냉키 시대의 양적완화와 큰 차이가 없었을 것이다. 하지만 파월의 연준은 은행에 대한 지원에만 그치지 않고, 코로나19 사태로 타격을 받은 중소기업과 자영업자 그리고 가계까지 지원하는 '다른 차원'의 조치들을 내놓으면서 버냉키 시대와는 차별화된 양적완화를 선보이기 시작했다.

특히 미국 재무부가 지원하는 4,540억 달러(약 450조 원)를 바탕으로 기업과 가계를 지원하는 각종 대출 프로그램(MMLF, CPFF,

PMCCF, SMCCF, TALF)에 대한 의회의 승인까지 받았다. 연준은 법률상 직접 자금을 나눠줄 수 없고 손실을 봐서도 안 되기 때문에 개별 경제주체를 지원하기 위한 특수 목적 기구를 만든 것이다.

2020년 6월 15일 연준은 SMCCF(유통시장 기업신용기구)를 발족하고 회사채 유통시장에서 2,500억 달러(약 300조 원)를 한도로 AT&T, 코카콜라, 월마트 등의 회사채를 사들였다. 이어 6월 29일에는 PMCCF(발행시장 기업신용기구)를 통해 5,000억 달러(약 600조 원) 한도로 발행시장에서 개별 회사채를 사들이기 시작했다.

마이클 페롤리Michael Feroli JP모건 수석이코노미스트는 〈월스트리트저널〉과의 인터뷰에서 "이번 조치로 연준은 사상 최초로 중앙은행에서 상업은행으로 전환한 셈이 되었다"고 평가했다.[16] 각종 대출 프로그램으로 회사채까지 매입하는 것은 사실상 세금으로 기업 부실을 메워주는 것이나 다름없다는 비판의 목소리도 커졌다.

연준의 정책은 여기에 그치지 않았다. 2020년 6월 연준은 6,000억 달러 규모의 긴급중소기업대출 제도MSLP까지 도입했다. MSLP는 긴급 자금 수혈이 필요한, 직원 1만 명 이하에 매출 25억 달러 이하인 기업에 연준이 직접 대출을 해주는 제도다. 연준이 직접 중견·중소기업에까지 돈을 꽂아준 것은 1929년 대공황 이후 처음 있는 일이었다.

특히 놀라운 것은 코로나19 사태 이후 직원의 급여를 주지 못하는 기업들에게 긴급 대출을 해주기 위해 신설된 3,500억 달러(약

420조 원) 규모의 직원급여지원 프로그램PPPLF이다. 사실 금융 위기 상황에서는 언제든 돈을 떼일 우려가 있기 때문에 직원의 급여를 주지 못하는 기업들이 아무리 절박한 상황을 호소해도 선뜻 돈을 빌려주기가 어렵다. 그런데 PPPLF는 직원의 급여를 지급하기 위해 돈을 빌린 기업이 나중에 돈을 갚지 못하면 연준이 대신 갚아주는 제도다. 이 제도하에서 돈을 빌려주면 은행은 돈을 떼일 걱정이 없기 때문에 최대한 많은 대출에 나서게 된다. 덕분에 연준이 양적완화로 푼 돈이 은행에만 머물지 않고 시중으로도 풀려나갈 수 있게 되었다.

연준은 미국 국채 같은 안전자산을 사들이는 양적완화QE, Quantitative Easing뿐만 아니라 위험도가 높은 자산을 사들이는 질적완화QE, Qualitative Easing도 시행한 것은 물론, 연방정부와 함께 특수 목적 기구들까지 만들어 코로나19 사태로 어려움에 처한 가계나 기업에까지 대출 지원을 해주고 있다.

이렇게 촘촘한 대출 기구를 통해 연준은 그 어떤 대출에서도 문제가 생기지 않도록 다양한 조치를 취한 셈이다. 그리고 은행에만 돈을 뿌렸던 버냉키의 양적완화와 달리 파월의 연준은 정말 '헬리콥터 머니'라는 말에 걸맞게 경제 구석구석에 돈을 뿌렸다.

양적완화 규모도 2008년 글로벌 금융 위기와 비교해 상상을 초월할 만큼 엄청났다. [그림14]는 연준의 대차대조표상의 자산을 나타낸다. 양적완화로 달러를 찍어 국채를 사들이면 그만큼 연준

그림14. 연준의 대차대조표상 자산 규모

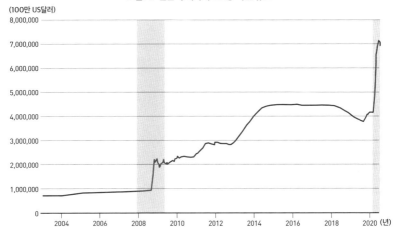

출처: Board of Governors of the Federal Reserve System(US), fred.stlouisfed.org

의 자산이 늘어나기 때문에 이를 보면 연준이 얼마나 많은 돈을 시장에 풀었는지 한눈에 살펴볼 수 있다.[17]

2008년 글로벌 금융 위기 당시 연준의 양적완화로 대차대조표상의 자산은 넉 달 동안 약 1조 2,000억 달러(약 1,400조 원)가 늘어났다. 그런데 2020년 코로나19 사태에서는 단 넉 달 만에 3조 달러(약 3,600조 원)가 증가했다. 이처럼 규모가 커진 이유는 양적완화를 거듭할 때마다 자산시장을 떠받치기 위한 양적완화 규모가 기하급수적으로 늘어났기 때문이다.

또한 2008년 글로벌 금융 위기 때는 양적완화를 통해 오직 은행권에만 집중적으로 돈을 푸는 바람에 금융권과 투기를 일삼던 부

2부 세계경제를 떠받치는 아틀라스, 연준의 탄생과 성장 그리고 위기

유층을 지원한다는 비판을 받았고, 심지어 '월가를 점령하라'는 시위까지 일어났지만, 이번에는 온갖 특수 목적 기구를 통해 시중에 돈을 풀고 긴급재난지원금과 실업수당까지 지급했기 때문에 양적완화를 둘러싼 갈등의 소지도 적어졌다.

양적·질적완화에 온갖 특수 기구를 만들어 역사상 유례없는 규모의 천문학적인 달러를 시중에 살포하자 증시 등 금융시장에서 즉각적인 효과가 나타났다. 특히 코로나19 사태로 고점 대비 34%나 폭락해 사실상 패닉 상태에 빠져 있던 S&P 500지수가 곧바로 회복세로 돌아서면서 단 두 달여 만에 44%나 치솟아 올랐다.

연준의 천문학적인 양적완화가 글로벌 금융 위기에 이어 코로나19 사태에도 또다시 강력한 효과를 발휘한 것이다. 양적완화를 실시할 때마다 실물 위기를 무시하는 주가 폭등을 경험한 투자자들은 제아무리 큰 위기가 일어나도 연준이 돈을 찍어 시장을 부양하면 된다는 믿음을 갖게 되었다.

원래 주식시장은 시장의 위험을 가장 먼저 알아채고 경고음을 울리던 곳이었지만, 연준이 대놓고 주식시장을 떠받치면서 경고음은 완전히 사라졌다. 이제 미국 주식시장은 단순히 연준이 찍어내는 돈의 양에 따라 주가가 오르고 떨어지는 진정한 '관치官治의 시장'으로 바뀐 것이다.

주식시장이 연준이 보증하는 안전한 시장으로 바뀐 덕분에 코로나19 사태 이후 미국이나 우리나라는 물론, 대부분의 주요 선진국에서 주식을 한 번도 사보지 않았던 중산층과 20~30대 청년층이 주식시장에 대거 진입하고 있다. 미국에서는 2020년 상반기에만 무려 1,000만 개가 넘는 주식계좌가 새로 개설될 정도로 개인투자자가 급속히 늘어났다.

이제 연준은 정말 돌아올 수 없는 다리를 건넌 셈이 되었다. 앞서 설명한 것처럼 양적완화의 효과는 자산 가격이 올라야만 작동하기 때문에 일단 양적완화를 시작한 이상 실물경제가 회복될 때까지는 멈출 수가 없다. 게다가 이번에는 청년층과 중산층이 대거 주식시장에 참여했기 때문에 양적완화에 실패하면 그들의 몰락을 불러올 위험까지 떠안게 되었다.

연준은 이제 이 위험한 줄타기를 반드시 승리로 끝내야 한다. 양적완화에도 자산 가격이 하락하거나 실물경제 회복이 늦어지면 자칫 일본식 장기 불황이 올 수 있다. 반대로 버블이 터지기 직전까지 끝없이 부풀어 오르면 수많은 버블 붕괴의 역사처럼 금융 시스템이 뿌리째 흔들릴 것이다.

이제 세계경제는 오직 연준에 의한 시장이 되고 말았다. 연준이 그 무거운 책무를 완수할 수 있을지를 가늠해보기 위해서는 연준에 시장을 끝까지 떠받칠 의지와 정책적 수단이 있는지, 그리고 연준이 통제할 수 없는 변수는 무엇인지를 정확히 파악해야 한다.

특히 지금처럼 경제가 극심한 변화를 앞둔 임계상태에 있을 때 가장 중요한 것은 연준과 경제주체들의 복잡한 상호작용 속에서 경제가 뜻하지 않은 방향으로 발산發散, divergence할 가능성이 있는지, 그렇다면 그 잠재적 방향성은 무엇인지 종합적으로 점검하는 것이다.

6
버블 연장전,
연준의 전략은 유효한가

1부에서 살펴본 것처럼, 현재 GDP 대비 기업 부채 비율은 사실 버블의 정점에 이미 다다랐다고 볼 수 있을 만큼 역사적 고점에 와 있다. 이런 상황에서는 언제 버블 붕괴가 찾아와도 이상하지 않다. 하지만 연준이 적극적으로 양적완화에 나서고 온갖 대출 기구를 활용하면서 부채 비율은 날마다 역사적 최고점을 경신하고 있다.

이제 새로운 부채 사이클을 시작하려면 경제주체들의 부채 비율이 줄어드는 디레버리징이 필수적인 전제 조건이다. 디레버리징 과정을 통해 경쟁력 없는 기업이 퇴출되고, 비효율적인 산업의 구조조정이 이루어진다. 디레버리징이 없는 자산 가격 상승은 새로운 부채 사이클이 아닌 지난 버블 단계의 연장전일 수밖에 없다.

연장전 상태에서 버블이 붕괴되면 더 큰 위기가 올 수 있기 때문에 연준은 더욱 필사적으로 돈을 풀어 자산시장을 지키려 할 것이다. 하지만 도도한 강물처럼 흐르는 부채 사이클을 거슬러 가려는 전대미문의 노력이 과연 성공할지는 여전히 불확실하다. 연준이 이를 지속할 만한 여력과 돌발 변수를 통제할 능력이 있는지에 따라 세계경제의 미래가 달라질 것이다.

체크 포인트 1
연준은 계속해서 자산 가격을 떠받칠 수 있을까

2008년 양적완화라는 신무기가 등장하기 전만 해도 연준은 금리를 제로 수준으로 낮추는 것조차 두려워했다. 만일 제로금리로 낮춘 상황에서 금융시장에 충격이 찾아오면 더 이상 손쓸 방법이 없었기 때문이다. 게다가 금융시장을 회복할 수단이 없다는 공포가 시장에 퍼지면 그 자체가 위기의 원인이 될 수 있기 때문에 제로금리는 최후의 카드였다.

이 때문에 대공황 이후 2008년 글로벌 금융 위기 전까지는 제아무리 심각한 경제 위기가 와도 금리를 제로 수준으로 낮추지는 않았다. 마지막 금리 인하 여력을 남겨두어서 시장을 안심시켜야 했기 때문이다. 물론 금리를 마이너스 수준으로 낮출 수도 있겠지만, 사실 마이너스 금리는 효과가 불투명하고 부작용도 적지 않다.

그런데 2008년 양적완화를 도입한 이후에는 더 이상 신중한 금리 정책을 고집할 이유가 없어졌다. 양적완화는 제로금리와 달리 사들일 수 있는 채권이 남아 있는 한, 원론적으로는 계속해서 집행이 가능하다. 게다가 적어도 아직까지는 양적완화로 시중에 돈을 풀면 그만큼 자산 가격이 오르기 때문에 효과도 충분히 검증되었다.

이제 양적완화가 실패하면 더 이상의 카드가 남아 있지 않기 때문에 주가가 재차 하락하면 양적완화의 규모를 무한히 확대해서라도 반드시 증시를 끌어올리려 할 것이다. 만일 자산 가격이 또다시 폭락하면 연준이 부풀렸던 버블의 크기만큼 위기의 강도가 더욱 커질 수밖에 없기 때문이다.

이 때문에 실물경제가 치솟아 오른 주가에 걸맞은 수준으로 회복되기 전까지는 연준이 자산 가격을 떠받치는 정책을 스스로 철회할 가능성이 매우 희박하다. 더구나 2008년 글로벌 금융 위기 직후 4년 동안 양적완화를 지속하면서 경기를 회복시켰던 성공의 경험이 있기 때문에 여력이 되는 한, 끝까지 양적·질적완화를 포기하지 않을 것이다.

체크 포인트 2

이번에도 실물이 회복될 때까지
양적완화를 할 수 있을까

2008년 글로벌 금융 위기 이후 주가는 2009년부터 회복되기 시작했지만, 실제 GDP가 잠재 GDP(한 나라의 경제가 물가를 자극하지 않으면서 노동과 자본 등의 생산요소를 완전히 활용해 도달할 수 있는 최대 생산능력)에 가까워진 것은 2014년이었다. 연준은 실물경제가 완전히 회복된 2014년에야 양적완화를 중단했다.

코로나19 사태는 실물 측면에 더 큰 타격을 입혔던 만큼 실물경제 회복이 더욱 지연될 가능성이 크다. 그렇다면 연준은 이번에도 실물경제가 살아날 때까지 양적완화를 지속할 수 있을까? 양적완화의 지속 여부에 영향을 미치는 요소는 매우 다양하지만, 그중에서 필수적인 전제 조건은 시중에 양적완화로 사들일 국채나 모기지 채권이 충분히 남아 있는지 여부라고 할 수 있다.

아무리 돈을 찍어내도 사들일 수 있는 국채의 씨가 말라버리면 양적완화를 중단할 수밖에 없다. 양적완화로 시중의 국채를 싹쓸이하다시피 사들이다 보면 결국 유통되는 국채가 급감하면서 국채 값이 폭등하게 된다. 그 결과 금리가 마이너스까지 떨어지게 되면 더 이상 국채를 사기 어렵기 때문에 대규모 양적완화를 지속하기 힘들어진다.

하지만 2021년 미국은 적어도 그런 측면에서는 전혀 걱정할 필요가 없어 보인다. 코로나19 사태를 명분으로 재정지출을 크게 늘리면서 천문학적인 재정적자를 기록하고 있는 데다 이를 국채로 조달하고 있기 때문에 국채 물량은 충분하다. 게다가 기축통화국인 미국은 다른 나라의 눈치를 봐가며 국채를 발행할 이유도 없기 때문에 앞으로도 신규 국채 발행은 계속될 것이다. 또한 미국 연준의 대차대조표상 자산이 7조 달러를 돌파해 미국 역사상 가장 높은 수준을 기록하고 있지만, 양적완화의 선배 격인 일본의 GDP 대비 양적완화 비중과 비교하면 아직 2배 이상 양적완화를 확대할 여력이 남아 있다.

다만 주가 폭락이 반복될 때마다 주가를 끌어올리기 위한 양적완화 규모가 눈덩이처럼 불어나는 것은 문제다. 지금은 시장이 연준의 발권 능력을 철석같이 믿고 있지만, 매번 양적완화 규모가 커지면 언젠가는 연준의 여력에 대한 의구심도 함께 커지는 시점이 도래할 것이다.

연준의 양적완화를 제한할 또 다른 요인은 바로 달러화 가치의 하락이다. 일본은 엔화를 풀어 2012년 이후 3년 동안 달러 대비 엔화 가치를 거의 3분의 2 수준으로 낮추었다. 일본은 기축통화의 지위를 지키기보다 엔화 가치 하락을 통해 수출을 늘리는 쪽을 택했던 것이다.

하지만 달러의 기축통화 지위를 통해 엄청난 이득을 누리고 있는 미국은 다르다. 만일 양적완화로 달러화 가치가 하락하게 되면 기축통화의 지위가 흔들리게 되어 지금과 같은 천문학적인 양적완화를 지속하기가 힘들어진다. 당장은 코로나19 사태나 미중 무역 갈등으로 달러에 대한 수요가 줄어들지 않고 있지만, 만일 달러화 가치를 떨어뜨리는 외부 충격이 발생하면 지금과 같은 무제한 양적완화를 유지하는 것은 부담이 될 수밖에 없다.

양적완화를 제약할 가장 중요한 요인은 다름 아닌 팬데믹이다. 코로나19 사태가 종식되거나 더 이상 경제적 위협이 되지 않는다면 지금과 같은 무제한적 양적완화를 지속할 명분이 사라지게 된다. 게다가 코로나19의 위협이 약화되면 그동안 경기 부양책으로 누적된 재정적자에 대한 우려의 목소리가 서서히 고개를 들면서 재정 건전성을 회복하기 위해 재정지출을 줄이고 본격적인 증세 논의에 들어갈 가능성도 있다.

양적완화를 제약할 마지막 요인은 인플레이션이다. 지금은 연준이 디플레이션만을 걱정하면서 무제한으로 돈을 풀고 있지만, 만일 실물경제가 회복되지 않은 상황에서 외부 충격이나 통화적 요인으로 물가 상승이 시작되면 불황 속의 인플레이션인 스태그플레이션으로 발전할 우려가 있다. 이 경우에는 1970년대처럼 금리를 높이지도 낮추지도 못하는 딜레마에 빠질 수 있다.

다만 지금 당장은 워낙 디플레이션 우려가 크기 때문에 금융 당국이나 시장은 리플레이션reflation(경제가 디플레이션 상태에서 벗어나 과도한 인플레이션을 유발하지 않을 정도로만 물가가 오르는 상황)이 시작되기를 갈망하고 있다. 하지만 어떤 경제정책을 취했을 때 곧바로 균형점을 찾아가기보다는 극단적인 반대 방향으로 치달은 경우도 많았기 때문에 통제할 수 없는 인플레이션으로 전환될 가능성도 열어놓아야 한다.

과도한 인플레이션이 발생하면 지금처럼 마음 놓고 양적완화를 하기는 쉽지 않다. 만일 실물경제가 미처 회복되지 않은 상태에서 연준이 더 이상 양적완화를 하기가 어려워졌다는 것을 시장이 알아차리게 되면 순식간에 공포가 번질 것이다. 이 때문에 물가가 디플레이션, 리플레이션, 인플레이션 중에 어디로 향하고 있는지 지속적으로 확인할 필요가 있다.

체크 포인트 3
무제한 양적완화도 통하지 않는다면
제3의 카드는 남아 있을까

경제적 충격이 찾아올 때마다 자산시장을 떠받치기 위한 양적완화 규모가 기하급수적으로 늘어나 혹시라도 양적완화마저 통하지 않는 상황이 온다면 연준과 미 연방정부에 남은 카드는 무엇일까? 그 대표적인 카드는 마이너스 금리 정책NIRP, Negative Interest Rate Policy

과 수익률 곡선 통제YCC, Yield Curve Control다.

마이너스 금리란 돈을 맡기면 이자를 주는 것이 아니라 수수료를 떼어가는 것을 뜻한다. 시중은행은 통상 여유 자금을 중앙은행에 예치해둔다. 특히 시중은행들은 경제 상황이 악화될 경우 대출이나 투자에 나서 위험을 감수하기보다 안전한 중앙은행에 여유 자금을 예치해두려는 경향이 강해진다.

이런 상황에서는 중앙은행이 아무리 금리를 인하하고 돈을 풀어도 그 돈이 다시 중앙은행으로 돌아오기 때문에 정책 효과가 반감된다. 이때 중앙은행에 예치하는 자금에 수수료를 물리는 마이너스 금리를 적용하면 은행들이 중앙은행에 예치하기보다 대출이나 투자에 나설 가능성이 커진다.

이 같은 기대로 2014년 6월 유럽중앙은행ECB이 사상 초유의 마이너스 금리를 도입했다. 그 뒤 스웨덴, 덴마크, 스위스가 차례로 마이너스 금리 대열에 동참했고, 2016년 1월에는 일본은행도 마이너스 금리를 도입했다. 그렇다면 마이너스 금리는 이들 국가의 경기회복에 도움이 됐을까?

유럽중앙은행은 2014년 마이너스 금리 정책을 포함한 비전통적 통화정책을 도입한 이후 2019년까지 5년 동안 누적으로 유로존의 실질 국내총생산 성장률은 2.5~3.0%p, 물가 상승률은 0.3~0.5%p였다고 분석했다.[18] 대신 마이너스 금리가 은행들의 수익 기반을 악화시켜 은행의 금융 중개 기능이 약화되는 부작용을 낳았다.

미국도 마이너스 금리를 도입하면 유럽처럼 경제성장률과 물가 상승률을 좀 더 끌어올릴 수 있겠지만, 금융회사들의 수익성 악화로 대규모 부실 사태가 일어날 수 있다. 게다가 미국은 다른 나라와 달리 머니마켓펀드MMF, Money Market Fund시장의 규모가 무려 4조 달러(약 4,800조 원)대에 이를 정도로 발달해 있기 때문에 마이너스 금리의 부작용이 훨씬 더 심각할 것이다.

머니마켓펀드란 초단기 채권에 투자하는 금융상품으로 실세 금리가 즉각적으로 반영된다. 만일 금리가 마이너스로 낮아지면 누구도 머니마켓펀드에 돈을 맡기려 하지 않게 되어, 머니마켓펀드에서 자금이 빠져나가는 펀드런fund run이 시작될 가능성이 크다. 그러면 머니마켓펀드에서 자금을 조달하던 기업이나 금융회사는 자금난에 봉착할 위험이 커진다.

실제로 2016년 1월 마이너스 금리를 도입했던 일본의 경우 2015년 말 1조 6,000억 엔(약 17조 원) 규모였던 머니마켓펀드시장의 규모가 2016년 말에는 1,000억 엔 수준으로 급감했다. 일본의 경우에는 경제 규모에 비해 머니마켓펀드시장이 워낙 작았기 때문에 금융 시스템 문제로까지 번지지는 않았지만, 시장 규모가 4,000배나 큰 미국에서는 심각한 문제가 될 수 있다.

연준이 생각할 수 있는 또 다른 방법은 바로 수익률 곡선을 통제하는 것이다. 같은 미국 국채라도 만기에 따라 금리가 다르고, 통상 단기국채보다 장기국채의 금리가 높기 때문에 수익률 곡선은 만기가 길어질수록 금리가 올라가는 그래프가 된다. 연준이 수익률 곡선을 통제한다는 것은 연준 스스로 국채를 사고팔아 만기마다 일정 수준으로 국채 금리를 고정시킨다는 뜻이다.

하지만 이미 양적완화로 국채 금리를 상당 부분 통제하고 있는 상황에서 수익률 곡선 통제가 가져올 추가적인 경기 부양 효과는 그렇게 크지 않을 것이다. 게다가 돈을 풀수록 더 큰 효과를 발휘하는 양적완화와 달리 수익률 곡선 통제나 마이너스 금리 정책은 도입 당시 일시적인 효과를 내는 것에 그칠 가능성도 있다.

더구나 연준이 마이너스 금리 정책이나 수익률 곡선 통제처럼 전례 없던 새로운 부양책을 도입한다는 것은 시장을 떠받칠 여력이 거의 소진되어 시장의 상황이 다급해졌다는 뜻이다. 이런 정책을 실시한다는 것 자체가 시장을 안정시키기보다 오히려 더욱 공포로 몰아갈 우려가 있다. 이 때문에 양적완화의 효과가 약화된다고 해도 연준은 새로운 정책 도입에 더욱 신중하게 접근할 가능성이 크다.

버블의 연장전을 꿈꾸는 연준에 남은 카드들을 살펴보았다. 버블은 정점으로 갈수록 더 빠르고 강하게 치솟아 오르는 경향이 있기 때문에 연준의 연장전이 계속되는 한, 버블은 더욱 뜨겁게 달아오를 것이다. 하지만 실물이 회복되지 않아 실물과 자산 가격의 격차가 확대될수록 버블이 붕괴할 때의 파괴력도 함께 커질 가능성이 높기 때문에, 연준이 만드는 버블과 그 버블을 위협하는 요소들을 주의 깊게 관찰해야 한다.

3부

코로나 이후 세계경제,
연준이 통제할 수 없는 변수들

그리스의 영웅 아킬레우스는 강의 여신 테티스와 인간 아버지인 펠레우스 사이에서 태어났다. 여신 테티스는 아들 아킬레우스에게 필멸자必滅者라는 인간의 요소가 있다는 것이 마음에 들지 않았다. 그래서 아들을 불사신으로 만들기 위해 저승을 흐르는 스틱스강에 아이의 몸을 담갔다. 하지만 강에 담글 때 발뒤꿈치를 잡고 있었기 때문에 발뒤꿈치가 치명적인 약점으로 남았다.

아킬레우스는 트로이 전쟁이 일어나자 우여곡절 끝에 전쟁에 참전해 트로이의 영웅 헥토르를 죽이는 등 많은 전공을 세웠다. 트로이군은 헥토르의 복수를 다짐했지만 불사신인 아킬레우스를 쓰러뜨릴 방법이 없어 전전긍긍했다. 그러다 트로이의 왕자 파리스가 아폴론 신전에서 아킬레우스의 약점이 발뒤꿈치라는 신탁을 받고 발뒤꿈치에 독화살을 쏘아 그를 쓰러뜨렸다.

코로나19 사태 이후 미국의 연준이 외롭게 세계경제를 떠받치고 있는 상황이다. 다행히 연준의 무제한 발권력과 양적완화가 적어도 아직까지는 별 문제 없이 세계 금융시장을 지탱하고 있는 것처럼 보인다. 하지만 실물경제의 회복 없이 과연 얼마나 버틸 수 있을지는 여전히 미지수다.

연준은 결코 아틀라스와 같은 불멸의 거신이 아니기에 아킬레우스처럼 인간의 약점이 있을 수밖에 없다. 실물경제가 본격적으로 회복되기 전에 그 약점이 드러나 연준이 흔들리게 되면 세계경제에도 균열이 생길 수밖에 없다. 이 때문에 연준의 약점을 정확히 파악하고 미리 대비하는 것은 너무나 중요한 일이다.

3부에서는 제아무리 연준이라도 도저히 막기 어려운 문제들이 있다면 어떤 것들인지, 연준이 이를 미연에 방지할 능력이 충분한지, 그런 문제가 발생한다면 어떻게 진행될지를 짚어보고자 한다. 그리고 이를 통해 경제의 변화를 한 발 먼저 알려주는 시그널을 찾아볼 것이다.

1
유동성과 실물,
두 날개의 균형

실물경제와 주가의 괴리,
어떻게 생겨나는가

세계대공황 이후 지난 90년 동안 경제성장률과 금리 그리고 자산 가격의 변화를 살펴보면, 실물경제와 유동성 측면에서 동시에 호재가 나타나면 어김없이 증시는 하늘 높이 날아올랐다. 그렇다면 실물경제가 둔화하면 주가는 어떻게 됐을까? 놀랍게도 금리를 낮추고 돈을 풀면 적어도 일정 기간은 실물경제 둔화를 상당 부분 상쇄할 수 있었다.

[그림15]는 10년 단위로 표시한 미국의 연평균 실질 GDP성장

그림15. 10년 단위 미국의 연평균 실질 GDP 성장률(좌)과 연평균 주가 상승률(우)

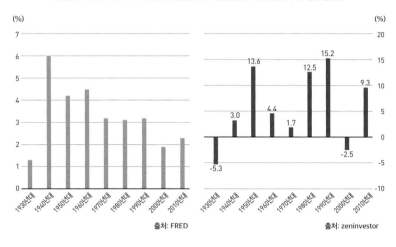

출처: FRED   출처: zeninvestor

률과 연평균 주가 상승률 그래프다. 이를 비교해보면 미국의 실질 GDP성장률은 1940년대 이후 지속적으로 하락해온 것을 확인할 수 있다. 하지만 주가는 이에 아랑곳하지 않고 비교적 높은 상승률을 보이고 있다. 도대체 어떻게 된 것일까?

그 이유를 찾기 위해 1930년대로 거슬러 올라가보자. 1929년에 시작된 세계대공황의 여파로 1930년대 미국의 연평균 실질 GDP 성장률은 고작 1%대에 불과했다. 그리고 이런 저조한 실질 GDP 성장률에 걸맞게 1930년대에는 10년 동안 연평균 주가 상승률이 −5.3%를 기록했다.

그러나 점차 대공황의 그늘에서 벗어나면서 1940년대 미국 경제는 연평균 6%라는 경이로운 성장률로 복귀하게 된다. 그러나 연평균 주가 상승률은 고작 3%에 불과했다. 게다가 물가를 감안한 실질 주가 상승률은 −2.3%를 기록해 오히려 역성장한 것으로 나타났다. 1940년대만 해도 대공황에 환멸을 느낀 투자자들이 여전히 주식 투자를 기피했기 때문이었다.

하지만 1950년대에도 연평균 실질 GDP성장률이 4%를 넘길 정도로 고성장 기조가 안착되자, 주식시장을 떠났던 투자자들이 하나둘 투자에 참여하기 시작했다. 그 결과 1950년대에는 연평균 주가 상승률이 13.6%에 이르는 경이적인 기록을 세웠다.

그 후 미국 경제 최고의 황금기로 불리는 1960년대에는 연평균 성장률이 4%대 중반에 이르렀지만, 주가 상승률은 연평균 4.4%로 떨어졌다. 1960년대에 실질 GDP성장률이 더 높아졌는데도 오히려 1950년대에 비해 눈에 띄게 주가 상승 속도가 더뎌진 이유는 무엇일까?

그 비밀은 바로 연준의 금리 인상과 연관이 있다. [그림16]은 지난 65년 동안 연방기금 금리의 가중평균 금리인 실효 연방기금 금리Effective Federal Funds Rate(연준이 발표하는 기준금리는 연방기금 금리의 목표 금리이고 실효 금리는 실제로 시장의 수요와 공급으로 결정되는 시장 연방기금 금리를 뜻한다)를 나타낸 그래프다.[1] 1950년대 시작된 호황이 더욱 가열되자 연준은 지속적으로 금리를 인상했다. 그 결과 1960년대 초반 1.2%에 불과했던 연방기금 금리는 1969년 9.2%까지 치솟았다.

1960년대 실물경제는 전례 없던 호황을 누리고 있었지만, 연준

그림16. 연방기금 금리의 가중평균 금리인 실효 연방기금 금리 변동 추이

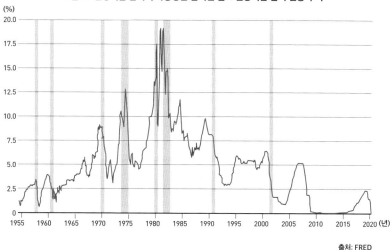

출처: FRED

의 기준금리가 무려 7배 넘게 치솟은 탓에 주가 상승폭은 크게 제한받았던 것이다. 하지만 정체된 주가와 대조적으로 1960년대 미국의 중산층은 일자리가 급증하고 소득이 빠르게 늘어나면서 더욱 풍요로운 삶을 누리기 시작했다.

그러나 1970년대 연평균 실질 GDP성장률이 3%대 초반으로 주저앉으며 불황이 찾아왔다. 엎친 데 덮친 격으로 1970년대에 들어서면서 인플레이션이 가속화되기 시작했다. 오랜 호황으로 중산층의 소비 여력이 커진 상황에서 오일쇼크까지 터지자 수요와 공급의 양 측면에서 동시에 물가를 견인하는 현상이 나타난 것이다.

그 결과 저성장 속에서 물가가 급등하는 스태그플레이션이 일어났다. 연준은 물가를 잡거나 경기를 부양해야 하는 딜레마 속에서 결단을 내려야 했다. 그런데 폴 볼커 당시 연준 의장이 물가를 잡는 쪽을 택하고 금리를 대폭 인상하는 바람에 1979년 말 연방기금 금리는 14%까지 치솟아 올랐다.

이 때문에 1970년대는 자산시장의 양 날개라고 할 수 있는 성장률과 유동성 측면에서 최악의 10년이었다. 그 결과 1970년대 연평균 주가 상승률은 고작 1.7%에 불과했다. 게다가 극심한 인플레이션 때문에 물가를 고려한 연평균 실질 주가 상승률은 -5.3%에 불과했다. 1970년대 10년 동안 주식을 보유했다면 평균 실질가치가 거의 반 토막 났을 거라는 얘기다.

다행히 폴 볼커 전 연준 의장의 고금리정책이 성공하면서 1980년대에는 물가가 다시 안정되기 시작했다. 물론 1980년대에도 연평균 3% 수준으로 추락한 경제성장률은 좀처럼 회복되지 않았지만, 물가가 안정되자 연준이 지속적으로 금리를 인하할 수 있는 여력이 생겼다.

1980년 연 20%대까지 치솟아 올랐던 연방기금 금리가 점진적으로 하락하면서 1990년에는 7%대로 떨어졌다. 덕분에 1980년대 경제성장률은 1970년대와 큰 차이가 없었지만 금리 하락이 큰 호재로 작용하면서 1980년대 연평균 주가 상승률은 무려 12.5%를 기록했다. 경제성장률 하락에 따른 여파를 금리 인하로 상쇄한 셈이었다.

증시 호황은 1990년대로 고스란히 이어졌다. 1990년대 연평균 주가 상승률은 15.2%를 기록해 미국 역사에 길이 남을 기념비적인 상승률을 보였다. 주가가 폭등하자 1990년대에는 인터넷과 정보통신π 산업이 이끄는 신경제가 시작됐다는 기대감이 한껏 부풀어 올랐다.

그러나 이런 환상과는 달리 1990년대 연평균 경제성장률은 스태그플레이션을 겪었던 1970년대와 큰 차이가 없었다. 다만 연방기금 금리가 연 4~5%대로 크게 낮아지면서 상상을 초월할 정도로 버블이 부풀었다. 하지만 오랜 상승에 익숙해진 탓에 아무도 이 거대한 버블이 하루아침에 붕괴될 것을 상상하지 못했다.

결국 2000년 닷컴 버블이 붕괴되고 나서야 1990년대 시장을 사로잡았던 신경제에 대한 환상이 사실은 저금리가 만든 신기루에 불과했다는 사실이 확연히 드러났다. 2000년대에는 인터넷과 정보통신 산업이 전면에 등장했음에도 경제성장률이 더욱 둔화되어 10년간 미국의 연평균 경제성장률은 2% 아래로 추락했다.

경제성장률이 떨어지자 당시 연준 의장이었던 앨런 그린스펀은 2000년대 초반까지 장기간 저금리를 유지했다. 그러나 실물경제는 좀처럼 살아나지 않았고, 대신 부동산 가격만 치솟기 시작했다. 저금리 때문에 미국 역사상 최악의 부동산 버블이 발생했다는 우려가 곳곳에서 제기됐지만, 그린스펀은 전혀 아랑곳하지 않았다.

2000년대 들어 실물경제가 살아나지 않았는데도 부동산 값만 끝없이 치솟아 오르자 너도나도 부동산 투자에 뛰어들었다. 시장에서는 '이제 부동산 가격은 더 이상 실물경제에 의존하지 않는다'면서 부동산 가격 상승이 거품이 아니라 당연한 현상이라며 이를 정당화하는 주장이 봇물처럼 터져 나왔다.

하지만 버블이 붕괴되는 순간 부동산 가격 상승은 그저 저금리와 풍부한 유동성에 의한 것임이 여실히 드러났다. 2007년부터 부동산 가격이 폭락하자 금융 시스템까지 흔들리면서 주가도 폭락하기 시작했다. 2000년대 10년 동안 연평균 주가 상승률이 −2.5%를 기록하면서 미국 증시는 대공황 이후 최악의 10년을 맞았다.

다행히 연준이 도입한 양적완화가 놀라운 효과를 발휘하면서 2010년대 미국의 주가 상승률은 연평균 9.3%로 비교적 높은 성적을 냈다. 2010년대 미국의 연평균 경제성장률이 고작 2%대 초반에 불과했던 것을 고려하면 상당히 높은 상승률이었다. 덕분에 2010년대는 최근 90년 동안 경제성장률과 주가 상승률 사이의 괴리가 가장 큰 시기가 되었다.

주식시장의
연준 의존도가 커지다

실물과 주가 사이의 괴리가 커진 이유는 전적으로 장기간 유지된 제로금리와 양적완화 덕분이었다. 먼저 제로금리의 효과부터 살펴보자. 기준금리를 연 10%에서 5%로 낮추는 것과 5.25%에서 0.25%로 낮추는 것은 똑같이 5%p를 인하하는 것이라서 언뜻 비슷해 보일지 모른다. 하지만 금리를 연 10%에서 5%로 낮추면 절반으로 낮춘 것이지만, 5.25%에서 0.25%로 낮추면 21분의 1 수준으로 낮춘 것이어서, 같은 5%를 낮추었다고 해도 저금리에서 낮추는 쪽이 증시 부양 효과는 훨씬 더 크다.

그런데 금리가 낮아지면 주식의 가치 평가가 완전히 달라지게 된다. 1부에서 주가가 얼마나 고평가되어 있는지 혹은 저평가되어 있는지를 보여주는 지표 중에 주가수익비율, 즉 PER을 설명한 바 있다. PER이 20이라는 것은 주가가 주당순이익의 20배라는 뜻이다. 이를 역으로 보면 연간 주당순이익이 주가의 5%라는 얘기가 된다. 국채 금리가 연 10%일 때는 주당순이익이 주가의 5%인 주식은 고평가돼 있는 것처럼 보인다. 하지만 주가수익비율이 동일한 상황에서 금리가 연 1%로 떨어지면 주식의 매력은 훨씬 더 커지게 된다.

게다가 2008년 글로벌 금융 위기 이후에는 양적완화라는 놀라운 신무기가 등장해 증시 상승을 더욱 가속화했다. 양적완화가 도입된 이후 양적완화를 확대하면 주가가 오르고, 축소하면 곧바로 주가가 하락할 정도로 연준이 미국의 주가 상승을 좌우했다고 해도 과언이 아니다. 특히 2020년 코로나19 사태 이후에는 주식시장의 연준 의존도가 점점 더 커지고 있다.

지금까지 대공황 이후 90년 동안 10년 단위로 미국의 경제성장률과 연방기금 금리 그리고 주가 상승률이 어떻게 변해왔는지 살펴보았다. 물론 과거의 규칙성이 미래에도 똑같이 적용된다는 법은 없지만, 과거의 경제성장률과 주가 상승률을 통해 다음과 같은 몇 가지 사실을 추론해볼 수 있다.

- 증시는 실물경제와 풍부한 유동성이라는 양 날개로 날아오른다. 다만 풍부한 유동성을 공급하면 실물경제가 다소 악화되어도 일정 기간 증시를 부양할 수 있다. 만일 둘 다 동시에 악화되면 증시가 장기 불황에 빠진다.
- 증시가 실물경제와 완전히 유리되어 유동성의 힘만으로 상승한 이후에는 조정 기간이 찾아왔다.
- 지속적인 금리 인하는 증시 호황을 이끌었다. 다만 현재 수준의 금리가 절대적으로 높은 수준인지 아닌지가 아니라 이전에 비해 상승했는지 하락했는지가 중요하다.

이 같은 추론을 활용해서 앞의 [그림16]을 좀 더 주의 깊게 살펴보자. 세계대공황으로 큰 어려움을 겪었던 1930년대 중반, 제로 수준으로 떨어졌던 연방기금 금리[2]는 1960~1970년대 금리 인상기를 거쳐 1980년대 초반에 연리 20%에 이를 정도로 치솟아 올랐다가 수많은 위기 때마다 계단식으로 하락하면서 2020년에 다시 제로금리 수준으로 떨어졌다.

결국 1930년대 이후 1980년대까지 50년에 가까운 금리 인상 사이클과 1980년부터 2020년까지 40년에 걸친 금리 하락 사이클이 이어진 셈이다. 이 때문에 헤지펀드의 황제로 불리는 레이 달리오 같은 투자자는 현재 단순히 10년 안팎의 단기 사이클이 아닌, 80~90년에 걸친 장기 부채 사이클이 끝나가는 것으로 보기도 한다.

중요한 것은 1980년 이후 40년 동안 이어진 금리 인하 사이클이 지속적인 성장률 하락에도 불구하고 증시를 부양해온 가장 중요한 원동력이었다는 점이다. 이제 더 이상 금리를 내릴 여지가 남아 있지 않은 상황에서 양적완화가 새로운 증시 부양의 원동력으로 등장했다.

그러나 양적완화는 만병통치약이 아닐뿐더러 이에 따른 경제적 부작용도 만만치 않다. 특히 자산 가격만 끌어올리고 실물경제 회복이 뒤따르지 않는다면 실물과 자산 가격 사이의 심각한 괴리가 경제를 위협할 것이다. 이 때문에 시시각각 변화하는 경제 상황에 한 발 먼저 대비하기 위해서는 양적완화가 불러올 부작용을 정확히 파악하고 있어야 한다.

2
부의 격차,
양적완화의 치명적 부작용

대공황 이후,
심각한 부의 불균형 대두

세계대공황이 한창이던 1931년, 뉴욕이 자랑하는 공원 센트럴파크에 거대한 판자촌이 들어섰다. 이 판자촌에는 대공황 직전까지 높은 소득을 자랑하던 증권 브로커, 변호사, 회계사들까지 몰려들었다. 뉴욕시는 온갖 방법으로 판자촌을 단속했지만, 결국 밀려드는 노숙자를 막지 못했다.

당시 미국에서는 대공황으로 일자리와 재산을 잃은 사람들이 거리로 내몰리면서 노숙자가 120만 명이 넘었다. 이들이 동네 공터

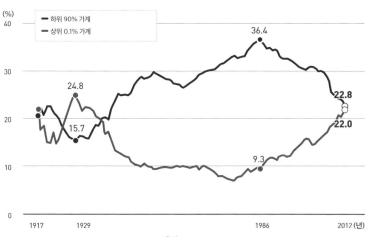

그림17. 상위 0.1%와 하위 90% 가계의 부가 전체 부에서 차지하는 비중

(%)
40

■ 하위 90% 가계
■ 상위 0.1% 가계

36.4

24.8

15.7

22.8

22.0

9.3

1917   1929   1986   2012 (년)

출처: Emmanuel Saez and Gabriel Zucman , *The Washington Post*

나 공원에 모여들면서 미국 전역에 후버 마을Hooverville이라고 불리는 판자촌이 들어섰다.[3] 당시 미국 대통령이었던 허버트 후버Herbert Hoover가 대공황을 막지 못해 생긴 마을이라는 뜻이었다.

대공황의 가장 큰 특징 중에 하나는 중산층은 물론 부유층까지 큰 타격을 받았다는 점이다. 다우 지수가 10분의 1토막 수준으로 폭락하고, 부동산 가격도 바닥을 모르고 추락했기 때문에 부유층도 대공황을 피할 수 없었던 것이다. 위기를 틈타 부유층이 오히려 더 큰 부를 거머쥐었던 글로벌 금융 위기와는 확연히 다른 상황이었다.

실제 지표에서도 이 같은 현상이 드러난다. [그림17]은 미국의 전체 자산 중에 미국 가계의 상위 0.1%와 하위 90%가 각각 차지하고 있는 비중을 나타낸다. 대공황 직전 미국 가계의 상위 0.1%가 차지한 부가 전체의 24.8%였던 반면, 미국 가계의 하위 90%가 차지한 부는 전체의 15.7%에 불과할 정도로 심각한 부의 불균형이 일어났다.

이 같은 부의 불균형은 대공황을 일으키는 중요한 원인 중 하나가 되었다. 대공황 직전 빈부격차가 극도로 확대되자 극소수 부유층 외에는 소비할 여력이 남아있지 않았다. 그 결과 공장에서 아무리 좋은 물건을 쏟아내도 이를 사줄 소비 대중이 사라져버렸다. 이로 인해 물가가 하락하고 기업의 이윤이 줄어들면서 투자가 줄어드는 디플레의 악순환이 일어났다.

이런 상황에서 세계대공황으로 자산 가격이 폭락하자 부유층도 큰 피해를 입게 되었다. 결국 상위 0.1%가 차지하고 있던 부가 줄어들고, 반대로 하위 90%의 부가 늘어나기 시작하면서 1929년 정점을 기록했던 부의 격차가 좁혀지기 시작했다.

대공황 이후 가까스로 회복되던 경제가 1937년 또다시 위기에 빠지면서 자산 가격이 재차 폭락하자 이번에는 아예 하위 90% 가계가 차지한 부가 상위 0.1%가 차지한 부를 역전했다. 게다가 1940년대 프랭클린 루스벨트Franklin Delano Roosevelt 대통령이 부의 재분배정책을 강화하면서 빈부격차는 더욱 빠르게 축소되었다.

부의 격차가 지속적으로 줄어든 덕분에 1986년에는 하위 90%

가 36.4%의 부를 차지해 정점을 찍었다. 하지만 그 뒤에는 부의 격차가 다시 벌어지기 시작했다. 여러 가지 이유가 있지만 그중 하나는 1990년 세계화 바람이 불면서 국제 분업이 강화되고, 미국 공장의 해외 이전이 가속화한 것이었다.

세계화 덕분에 미국의 자본은 더 큰 이득을 얻었지만, 양질의 제조업 일자리가 점점 해외로 빠져나가는 바람에 정작 미국에는 저임금 단순 서비스업 일자리만 남게 되었다. 그 결과 자본소득이 주수입원인 고소득층과 대체로 근로소득으로 생계를 영위하는 중산층 사이의 소득 격차가 벌어지면서 중산층이 부를 축적할 기회가 점점 더 사라졌다.

2000년 이후에는 IT산업의 성장으로 제조업 일자리가 더 빠르게 사라졌다. IT산업은 생산직 직원이 많이 필요 없기 때문에 제아무리 호황을 누려도 일자리가 잘 늘어나지 않았다. 사람이 하던 일을 기술이 대체하면서 일자리 증가 속도가 정체되었다.

더 큰 문제는 IT기술이 정확히 중간 수준 임금의 일자리를 핀셋으로 집어내듯 파괴하고 있다는 점이다. 엘런 러펠 셸Ellen Ruppel Shell 보스턴대 교수는 저서 《일자리의 미래The Job》에서 인공지능AI과 자동화가 저임금 일자리보다 기술 축적이 필요한 중산층 일자리를 더욱 빠르게 파괴하고 있다고 진단했다.[4]

실제로 2000년대 이후 미국에서는 저임금 서비스직 일자리가 대폭 늘어났다. 하지만 저임금 서비스직 일자리는 고도의 숙련이

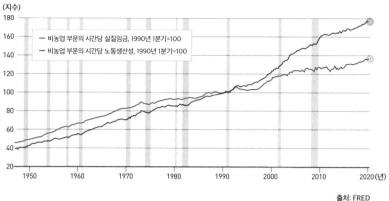

그림18. 미국 비농업 부문의 시간당 노동생산성과 시간당 실질임금

(지수)

— 비농업 부문의 시간당 실질임금, 1990년 1분기=100
— 비농업 부문의 시간당 노동생산성, 1990년 1분기=100

출처: FRED

필요 없기 때문에 장기간 일한다고 해도 임금 상승을 기대하기가 어려웠다. 이 때문에 2000년 이후 미국에서는 기업들이 아무리 호황을 누려도 좀처럼 임금이 올라가지 않는 기현상이 나타나기 시작했다.

그 결과 미국에서는 노동소득 증가율이, 노동자들이 끌어올린 노동생산성조차 따라가지 못하는 현상이 나타나고 있다. [그림18]은 1990년을 100으로 놓고 비농업 부문의 시간당 노동생산성과 시간당 실질임금을 비교한 그래프다. 1990년 이후 30년 동안 시간당 노동생산성은 78% 늘어난 반면, 실질임금은 37%밖에 늘어나지 않았다.

이처럼 생산성을 아무리 끌어올려도 임금은 좀처럼 늘어나지 않는 현상이 심화되면서 미국 경제의 체질이 조금씩 바뀌기 시작했다. 중산층의 소득이 정체되면서 미국 경제 전체의 수요가 감소했고, 그 결과 기업의 투자가 위축되면서 2000년대 이후 미국에서는 저성장 기조가 점점 더 고착되었다.

중산층의 수요 위축은 물가 상승 압력을 약화시켰다. 여기에 중국에서 쏟아져 들어온 값싼 공산품이 물가 상승률을 더욱 끌어내렸다. 게다가 기존 산업에 대한 IT산업의 대대적인 침공이 시작되면서 인플레이션을 더욱 제약했다. 그 결과 2000년대 이후 디플레이션이 새로운 기조로 자리 잡았다.

2008년의 글로벌 금융 위기는 부의 불평등을 극적으로 심화시켰다. 다시 [그림17]을 살펴보면 글로벌 금융 위기 직전까지 미국 가계의 하위 90%가 보유한 부의 비중은 30%가 넘었지만 2012년에는 22.8%로 급격히 줄어들었다. 반면 미국 가계의 상위 0.1%가 차지한 부의 비중은 같은 기간 15%에서 22%로 치솟았다.

글로벌 금융 위기라는 혼란 속에서 부의 격차가 확대된 결정적인 원인은 바로 양적완화에 있었다. 양적완화의 효과는 자산 가격이 올라야 작동되기 때문에 일단 양적완화를 시작한 이상 연준은 자산 가격이 오를 때까지 돈을 풀게 된다. 덕분에 미국의 주가는 큰 폭의 상승을 기록했고, 주식을 보유한 이들의 부가 크게 증가했다.

왜 풀린 돈은
부자들에게 집중되는가

미국에서 주식은 부유층의 전유물이나 다름이 없다. 2010년 당시 미국 상위 10%의 부자들이 전체 시가 총액의 80.8%를 갖고 있었던 반면, 하위 50%는 고작 2.5%밖에 보유하지 못했다.[5] 주식이 부유층에 편중되어 있었기 때문에 연준이 인위적으로 주가를 폭등시키면서 그 혜택은 고스란히 부유층에 돌아가게 되었다.

게다가 금융 위기의 주범인 금융회사들에 막대한 구제금융을 제공하는 바람에 금융회사들은 글로벌 위기를 일으킨 죗값을 치르기는커녕 오히려 막대한 보상금을 챙겼다. 특히 금융 시스템을 붕괴 위기로 몰아넣었던 금융회사들의 임원들은 구제금융으로 보너스 잔치까지 벌여 도덕적 해이moral hazard의 극치를 보여주었다.

부유층이 금융 위기를 핑계 삼아 양적완화와 구제금융으로 돈잔치를 벌이는 동안 중산층의 임금은 더욱 정체되었다. FRED에 의하면, 1998년부터 2018년까지 20년 동안 미국의 실질 가계 중위 소득은 고작 2.7% 오르는 것에 그쳤다. 같은 기간 미국의 명목 GDP는 127% 증가했고, 실질 GDP는 55% 늘어났다. 더구나 같은 기간 미국의 S&P 500지수는 200%, 나스닥 종합지수는 무려 400% 치솟았다.

문제는 코로나19 사태 이후 연준이 또다시 무제한 양적완화에 나서면서 이 같은 현상이 더욱 심화됐다는 점이다. 이미 글로벌 금융 위기 당시 양적완화만 하면 주가가 급등한다는 학습 효과가 생겼기 때문에 미국의 주가는 2020년 3월 연준의 무제한 양적완화 선언과 동시에 급반등했다.

양적완화로 풀린 돈은 좀처럼 중산층에게 가지 않고 금융회사를 맴돌며 일부 부유층이 집중적으로 보유한 주식과 부동산 같은 자산 가격을 끌어올리는 역할만 하고 있다. 지금처럼 양적완화의 혜택이 중산층에게 돌아가지 않는 상황이 지속된다면 금융시장과 실물경제의 괴리는 더욱 확대될 수밖에 없다.

특히 코로나19 사태 직전이었던 2020년 2월 3.5%였던 미국의 실업률은 2020년 6월 11.1%로 치솟았고, 7월에도 여전히 10.2%를 기록하고 있다.[6] 미 연준이 아무리 돈을 풀어도 미국의 실물경제가 회복되지 않는다면 일자리를 잃은 중산층과 서민들은 큰 타격을 받을 수밖에 없다.

실업률이 해소되지 않으면 임금 상승의 제약 요인이 되고 가계 소득은 더욱 하락하게 된다. 그 결과 중산층의 소비 여력은 더욱 감소하게 되고 이는 물가 하락 압력을 높일 것이다. 만일 양적완화로 돈을 풀어도 실물경제가 살아나지 않으면 디플레이션 압력이 더욱 커지는 악순환에 빠질 수밖에 없다.

디플레이션의 악순환이 시작된 경제에서 양적완화는 근본적인 문제를 해결하지 못하고 오늘의 문제를 내일로 미룰 뿐이다. 경제를 다시 뛰게 하려면 양적완화와 함께 과감한 구조조정이 필요하지만, 정책 당국은 굳이 자신의 임기에 그런 모험을 시작하지 않을 것이다. 그 결과 실물경제 회복은 더욱 멀어지게 된다.

실물경제 회복이 늦어지면 연준은 더욱 대대적인 양적완화에 나설 수밖에 없다. 만일 실물경제가 회복되지 않는다고 양적완화를 중단하면 자산 가격마저 추락해서 또다시 금융 시스템이 붕괴할 위험에 시달리게 되기 때문이다. 결국 미국은 2020년 무제한 양적완화 선언과 함께 돌아갈 다리를 완전히 끊어버린 셈이 되었다.

이제 미국에 남은 양적완화 여력과 미국의 실물경제 회복 시기 사이에 치열한 줄다리기가 벌어질 것이다. 이런 상황에서 이미 대공황 때만큼 벌어진 빈부격차가 더욱 확대된다면, 실물경제 회복은 무한히 지연되고 사회적 갈등은 심화되어 양적완화의 효과를 무력화시킬 수 있기 때문에 예의 주시할 필요가 있다.

3
팬데믹과
빅테크 기업들의 독주 심화

빅테크 기업,
구산업을 약탈하다

　2020년 코로나19 사태 이후 미국 유통업계의 도미노 파산이 시작됐다. 2020년 5월 113년 전통의 고급 백화점인 니먼마커스Neiman Marcus가 파산 보호를 신청한 지 일주일여 만에 118년 전통의 중저가 백화점 JC페니J. C. Penney Company도 파산 보호를 신청했다.

　미국에서 가장 대중적인 백화점인 메이시스Macy's도 언제 파산할지 위태로운 상태다. 메이시스는 2015년부터 경영 위기에 내몰려서 코로나19가 확산되기 전인 2020년 2월에 이미 전국 800여 개

매장 가운데 125개 매장을 폐점하고 2,000명을 감원하는 뼈를 깎는 구조조정에 나섰다.

메이시스는 회사 규모를 대폭 줄여서라도 어떻게든 살아남는 전략을 택했지만 메이시스가 부활할 것이라고 믿는 시장 관계자는 많지 않다. 〈뉴욕타임스〉[7]는 백화점에 이어 대형 쇼핑몰들이 대거 무너지면서 향후 5년 안에 쇼핑몰의 4분의 1이 사라질 것이라고 경고했다.

최근의 IT 혁명이 과거 3차 산업혁명의 연장선인지 아니면 새로운 4차 산업혁명의 시작인지에 대해서는 논란의 여지가 있다. 하지만 이번 IT 혁명은 새로운 시장을 창출하며 경제 전반의 생산성과 성장률을 끌어올렸던 과거 1, 2차 산업혁명과는 달리 아직은 기존 구산업의 시장을 빼앗는 데만 열중하고 있는 실정이다.

그 대표적인 사례가 미국 유통업계의 최강자로 떠오른 아마존 Amazon이다. 아마존은 기존 유통 산업을 파괴하면서 눈부신 성장을 했다. 아마존에 시장을 빼앗긴 기존 유통 산업은 도미노 파산 위험에 시달리고 있다. 물론 최근에는 아마존이 클라우드 서비스(데이터를 인터넷과 연결된 메인 컴퓨터에 저장해 인터넷에 접속하기만 하면 언제 어디서든 데이터를 이용할 수 있게 하는 서비스)에서도 매출을 늘려가고 있지만 매출의 대부분은 여전히 유통에서 나오고 있다. 이 때문에 아마존이 성장할수록 기존 유통 기업의 시장을 약탈하는 구조가 되고 있다.

사실 이런 구조는 일자리나 임금 측면에서도 큰 문제가 되고 있다. 생존 위기에 내몰린 오프라인 유통 기업은 대량 해고에 나선 반면, 온라인 유통업체의 신규 채용은 이를 따라가지 못하면서 임금 상승의 주요 제약 요인이 되고 있기 때문이다.

비록 의도한 것은 아니겠지만, 아마존만이 아니라 미국을 대표하는 대부분의 빅테크 기업은 여전히 구산업의 영역을 약탈하고 있다. IT혁명의 상징인 구글Google의 주력 사업은 검색엔진이라는 IT기술에 기반하고 있지만 구글의 매출 대부분은 구산업의 영역인 광고에서 나온다.

구글이 클라우드 서비스에서 매출을 늘려가고 있고, 자율주행, 차세대 컴퓨팅, 여행, 금융, 게임 등 온갖 새로운 사업에 도전하고 있는 것은 분명하다. 언젠가는 분명히 이런 새로운 영역에서 놀라운 수익성을 창출할지 모른다. 하지만 2020년 현재 구글 매출의 85%가 광고일 정도로 여전히 광고에 대한 의존도가 높은 편이다.

결국 구글은 구 미디어 산업이 광고시장에서 차지하고 있던 파이를 무섭게 잠식하면서 성장해나가고 있는 셈이다. 그 결과 경쟁력을 잃은 구 미디어 산업은 끝없는 구조조정에 나섰지만, 유튜브까지 합세한 구글 인스타그램을 대동한 페이스북 등 새로운 미디어의 대규모 공세 앞에서 하나둘씩 파산하고 있다.

2020년 2월 초 미국 14개 주에서 30개 신문을 발행하는 미국 2위 신문 기업 매클래치McClatchy Company가 파산 보호 신청을 하면서 큰 충격을 주었다. 미국의 지역신문을 포함한 일간지와 주간지는 2004년 1만 7,782개에서 2018년 1만 4,224개로 20%나 줄어들었다.[8]

미국 전체 3,143개 카운티 중에서 절반은 지역신문 자체가 완전히 사라졌다. 게다가 살아남은 언론사 중 상당수는 사실상 취재 인력을 거의 고용하지 않는 껍데기만 존재하는 유령 신문사ghost newspaper로 전락했다. 2004년부터 2017년까지 언론사 고용 인력은 무려 45%나 줄어들었고, 고용 인력 감축은 점점 가속화하고 있다.

우리는 4차 산업혁명이 과거 1, 2차 산업혁명처럼 경제 전체의 생산성을 끌어올려 성장을 가속화할 것을 기대했지만, 실제로는 자신들의 생산성만 끌어올려서 유통, 관광, 운수, 미디어, 엔터테인먼트 등 기존 전통 산업이 갖고 있던 시장과 부가가치의 파이를 빼앗기 시작했다.

이 때문에 IT산업의 끝없는 혁신에도 불구하고 그들만의 리그에 머무르면서 미국 경제 전체의 생산성 향상은 오히려 둔화되었다. [그림19]는 지난 100년 동안 미국 근로자의 업무 능력이나 기술력 등 모든 생산성을 포괄하는 총요소생산성(생산량 증가분에서 노동 증가에 따른 생산 증가분과 자본 증가분에 따른 생산 증가분을 제외한 생산량 증가분을 뜻하는 것으로 기술 개발이나 경영 혁신 같은 눈에 보이지 않는 부분이 얼마나 많은 상품을 생산해내는가를 나타내는 효율성 지표)이 10년 단위로 어떻게 변화했는지를 나타내는 그래프다.[9]

그런데 4차 산업혁명이 시작됐다는 2000년대나 2010년대의 생

그림19. 미국 총요소생산성의 연평균 상승률

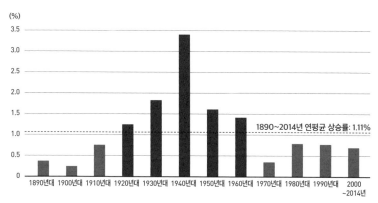

1890~2014년 연평균 상승률: 1.11%

출처: Robert J. Gordon, "The Rise and Fall of American Growth", 2017

산성 향상폭은 2차 산업혁명으로 미국 경제가 경이적인 생산성 향상을 기록했던 1940~1960년대는 물론, 1970년대 스태그플레이션 시대나 1930년대 세계대공황 당시의 생산성 향상조차 따라잡지 못하고 있다.

그렇다면 인터넷, 인공지능, 자율주행차 등 온갖 기술 혁명이 등장하고 있는 2000년대 이후의 생산성 향상폭이 왜 20세기 중반의 혁신보다도 훨씬 못한 것일까? 그 이유는 여러 가지지만 그중 하나는 2000년 이후 등장한 소위 '4차 산업혁명'이 적어도 아직까지는 기존 시장을 파괴하고 약탈하는 데에만 머물러 있기 때문이라고 할 수 있다.

1920년대에서 1960년대는 날마다 새로운 발명품이 가정에 보급되던 시대였다. 19세기말부터 자동차, 세탁기, 상수도, 중앙난방, 수세식 화장실, 냉장고, 라디오 등 기술 혁신에 따른 성과물이 대중에 보급되면서 과거에 없던 새로운 시장이 끝없이 창출됐다.

이에 비해 최근 4차 산업혁명이라고 불리기 시작한 IT혁신은 아직까지 새로운 시장의 창출보다는 기존 시장을 파괴하는 효과가 더 컸다. 시대를 앞서간 경제학자인 조지프 슘페터가 혁신을 '창조적 파괴creative destruction'[10]라고 명명한 것처럼 언젠가 이 같은 파괴가 끝난 뒤에 새로운 시장을 창출하겠지만, 아직은 요원한 상황이다.

이 같은 IT 혁명의 특성 때문에 신산업과 구산업의 격차가 점점 더 빠르게 벌어지고 있다. 이와 관련해 2020년 2월 미국의 투자은행 골드만삭스가 흥미로운 보고서를 발표했다.[11]

골드만삭스가 2019년 4분기 기업의 수익 증가율을 살펴본 결과 S&P 500지수에 속한 500개 기업들의 수익은 전년보다 고작 2% 늘어났다. 2019년 29%였던 주가 상승률에 비해 너무나 저조한 수치였다.

그런데 더 큰 문제는 그 수익 증가분이 모두 FAAMGFacebook, Amazon, Apple, Microsoft, Google로 대표되는 5대 빅테크 기업에서 나왔다는 점이다. 5대 빅테크 기업의 주당순수익EPS은 전년보다 16%나 늘어났지만, S&P 500기업 중에 이들 다섯 개 회사를 제외한 나머지 495개 기업의 주당순이익 증가율은 정확히 0%로 전년에 비해 전혀 늘어나지 않았다.

그나마 500대 대기업의 수익 증가율은 나은 편이었다. 중소기업을 대표하는 시장지수인 러셀2000Russell 2000에 속하는 2,000개 중소기업의 주당순이익은 같은 기간 무려 7%가 감소한 것으로 나타났다. 결국 빅테크 기업의 침공 속에서 S&P 500지수에 속하는 대기업만 간신히 자신들의 이익을 지켰을 뿐 중소기업들의 순이익은 급감한 것이다.

이처럼 몇몇 빅테크 기업만 독주하고 있는 미국에서 경제 전체의 성장률이 높아지는 것은 쉬운 일이 아니다. 더구나 구산업에서 파괴되고 있는 양질의 일자리 수에 비해 빅테크 기업이 제공하는 양질의 일자리 수는 지극히 적기 때문에 빅테크 기업의 독주는 산업구조뿐만 아니라 가계소득에도 큰 영향을 미치고 있다.

팬데믹이 파괴한
소비의 경로의존성

코로나19 사태는 이 같은 불균형을 훨씬 심화시키고 있다. 코로나19 사태로 지금까지 전통 산업을 지켜온 세 가지 버팀목 중에 두 개가 이미 무너지고 있기 때문이다. 그 버팀목은 오랜 시간 대중에게 굳어진 습관과 경로의존성path dependency, 그리고 구산업과 그 종사자들을 보호하기 위한 정부의 각종 규제다.

사실 아무리 아마존이나 이베이가 돌풍을 몰고 왔다고 해도 대중은 여전히 과거의 습관대로 주말이면 마트에 가서 생필품을 사고 몰에서 쇼핑을 했다. 그런데 코로나19 사태로 사람을 만나는 것 자체가 기피되면서 온라인 쇼핑이 급증하고 외식은 배달 음식으로 대체되고 있다.

게다가 구산업을 지켜주던 경로의존성도 하나둘씩 제거되고 있다. 경로의존성이란 과거에 만들어진 시스템이나 제도 또는 규격이 더 이상 최선이 아닌데도 익숙하다는 이유만으로 계속 쓰는 인간의 특성을 의미한다. 그런데 코로나19 사태는 이 같은 경로의존성마저 파괴하고 있다.

최근 IT기술의 발달로 굳이 해외 출장을 가지 않더라도 화상회의 시스템으로 중요한 회의를 하고 계약을 체결할 수 있었다. 그럼에도 과거에 굳어진 경로의존성 때문에 여전히 불필요한 해외 출장이 이어지고 있었다. 하지만 코로나19가 이 같은 과거의 경로를 모두 바꾸어 화상회의는 물론 재택근무까지 정착시키고 있다.

빅테크 기업의 침공 속에서 구산업을 그나마 지켜주던 인간의 습관이나 경로의존성 같은 방화벽이 해체되자 구산업의 붕괴는 더욱 가속화하고 있다. 더구나 이 같은 변화는 한번 익숙해지면 새로운 경로의존성을 만들기 때문에, 코로나19 사태가 끝난다고 해도 일단 바뀐 습관이나 경로는 쉽게 되돌아오지 않을 것이다.

앞으로 구산업을 지킬 마지막 방화벽은 IT산업에 맞서 구산업을 보호해온 각종 규제뿐이다. 구산업의 파괴가 가속화되면 정부는 기존 일자리를 보호하기 위해서라도 규제를 더욱 강화할 가능성이 크다. 하지만 이미 습관과 경로의존성이 무너진 상황에서 정부 규제만으로 구산업을 지키기는 쉽지 않을 것이다.

구산업과 빅테크 기업의 격차가 벌어지면 결국 정치권은 일자리의 대부분을 창출하는 구산업에 맞춰 경기 부양책을 쓸 수밖에 없다. 그러면 옥석玉石을 가리지 못한 채 구산업에 속한 한계 기업들의 생명이 연장되어 비효율적인 과잉 공급이 계속될 것이다. 이는 시장 전체의 단가를 끌어내려 멀쩡했던 기업들조차 좀비 기업(영업이익으로 금융 비용조차 감당하지 못해 회생 가능성이 없는데도 정부나 채권단의 지원으로 연명하는 기업)으로 만들게 된다.

좀비 기업이 늘어나면 저성장이 고착화되고 디플레이션은 더욱 가속화한다. 비랄 아차리아Viral V. Acharya 뉴욕대 경영대학원 교수 등이 유럽 시장에서 좀비 기업과 물가 상승률의 관계를 연구한 결과 전체 기업 자산 중에서 좀비 기업의 자산 비중이 증가할수록 물가 하락 압력이 눈에 띄게 높아지는 것으로 나타났다.[12]

또 정부가 구산업을 지키기 위해 돈을 풀게 되면 그렇지 않아도 강력한 경쟁력을 갖춘 빅테크 기업에 더할 나위 없는 성장의 기회가 제공될 것이다. 사실 저금리와 풍부한 유동성은 성숙한 구산업의 기업들보다 성장성이 높은 빅테크 기업에 더 유리한 환경을 만들게 된다. 성장에 필요한 자금을 값싸고 손쉽게 조달할 수 있기 때문이다.

그럼에도 지금처럼 빅테크 기업들과 구산업 기업들의 격차가 벌어지면 정부는 더욱 완화적인 금융정책을 쓸 수밖에 없고, 그 결과 오히려 격차가 확대되는 악순환이 시작될 가능성이 크다. 이런 격차 확대가 경제 전체의 성장을 제약하게 되면 아무리 양적완화로 돈을 풀어도 경제 회복이 더디게 진행되면서 양적완화에 대한 의존도가 더욱 커질 가능성이 높다.

특히 코로나19 사태가 어느 정도 진정되면 빅테크 기업의 시장 잠식이 눈에 들어오기 시작하고, 이들의 성장을 견제하는 다양한 규제들이 등장할 가능성이 있다. 마이크로소프트의 독점을 막기 위한 회사 분할 같은 논의가 재등장하거나 아마존의 시장 확대를 막고 오프라인 유통 산업을 보호하는 규제가 나올 수도 있기 때문에 코로나19 사태로 촉발된 실물경제 위기가 완화되는 시점에서는 이 같은 변수들에 대해서도 주의해야 한다.

4

연준이 고대하는 인플레이션,
과연 축복일까

인플레이션과 디플레이션의
임계점에 주목하라

우리는 흔히 물가가 상상을 초월할 만큼 폭등한 하이퍼인플레이션hyperinflation의 대표적인 사례로 1920년대 초 바이마르공화국 시절의 독일을 떠올린다. 화폐가치가 하도 떨어져서 빵 한 조각을 사기 위해서는 손수레 가득 돈을 싣고 가야 했다든가, 장작을 사는 것보다 돈을 태우는 것이 훨씬 싸게 먹혔다는 일화도 있다. 그렇다면 바이마르공화국에서는 왜 이런 하이퍼인플레이션이 일어났을까?

1차 세계대전 당시 독일 정부는 전비戰備를 마련하기 위해 통화량이 4배로 늘어날 정도로 돈을 마구 찍었다. 하지만 1차 대전이 한창일 때는 찍어낸 돈에 비해 물가 상승률이 그렇게 높지 않았다. 주요 생필품은 배급제이고 전쟁 중이라 돈을 쓰기가 쉽지 않았던 데다 전쟁에 대한 불안감으로 돈이 생겨도 가급적 저축을 했기 때문이었다.

하지만 1918년 11월 전쟁이 끝나자 전쟁 중에 쌓아두었던 뭉칫돈이 시중에 풀리면서 그동안 억눌렸던 수요가 한꺼번에 터져 나왔다. 그러나 전쟁으로 주요 생산 시설이 파괴된 탓에 공급은 턱없이 부족했다. 게다가 1차 대전 패전에 따른 가혹한 전쟁 배상금을 금이나 외화로 마련하는 과정에서 독일 마르크화의 가치가 절하되어 수입 물가가 상승했다. 그 결과 종전 직후 불과 1년 남짓한 기간 동안 물가가 무려 5배나 치솟았다.

그러자 물가가 더 오르기 전에 필요한 물건을 사재기하려고 너도나도 돈을 쓰기 시작했다. 결국 물가가 하늘 높은 줄도 모르고 치솟아 오르면서 1923년에는 1차 대전 직전인 1914년 초보다 무려 7,000억 배나 뛰었다. 0.08마르크였던 달걀 한 알의 값이 800억 마르크, 1.75마르크였던 소고기 1킬로그램의 가격은 5조 6,000억 마르크로 뛰어올랐다.

독일 바이마르 정부는 물가를 감당하기 위해 돈의 액면가를 점점 올렸다. 1923년 물가가 절정에 달했을 때는 1조 마르크짜리 동전까지 발행했다. 인류가 발행한 동전 가운데 액면가로는 역대 최고였지만 고작 달걀 한 알 정도밖에 살 수 없었다.

바이마르 정부는 기존 1조 마르크를 새로운 1마르크, 즉 렌텐마르크Rentenmark로 바꾸는 화폐개혁을 단행했다. 이 단 한 번의 화폐개혁으로 도저히 잡을 수 없을 것 같던 하이퍼인플레이션이 잡히기 시작했다. 바이마르 정부가 렌텐마르크를 금과 연동해서 발행량을 철저히 통제한 덕분에 화폐가치에 대한 시장의 신뢰가 회복됐기 때문이다.

흔히 바이마르공화국의 하이퍼인플레이션이 히틀러를 탄생시킨 것으로 알려져 있다. 하지만 노벨경제학상 수상자인 폴 크루그먼 뉴욕대 교수는 나치가 인플레이션 시기에 집권했다는 것은 '연대기적으로 명백한 오류'라고 지적했다.[13] 1923년 화폐개혁으로 독일의 하이퍼인플레이션은 완전히 종식됐고, 나치가 독일의 정치무대에 공식적으로 등장한 것은 1928년 선거이기 때문이다.

1928년 선거에서 나치는 고작 2.6%의 지지를 받은 군소 정당에 불과했다. 그런데 1929년 미국발 세계대공황이 터지면서 세계적인 디플레이션의 악순환이 시작됐고, 독일 역시 1933년까지 4년 동안 물가가 무려 30% 넘게 폭락하는 극심한 디플레이션을 겪었다.[14] 대공황과 디플레이션의 여파로 1929년 이후 독일 경제가 악화되고 실업률이 급증하자 나치가 이를 악용해 1933년에는 집권당이 되었다.

바이마르공화국 사례에서 가장 중요한 시사점은 인플레이션과 디플레이션이 마치 동전의 양면 같아서 한순간에 뒤바뀔 수 있다는 것이다. 특히 전쟁, 전염병, 공황 등으로 미래에 대한 불안감이 극대화된 상황에서는 아무리 돈을 찍어도 소비나 투자를 하지 않아 좀처럼 물가가 오르지 않기 때문에 중앙은행은 화폐를 과도하게 발행하려는 유혹에 쉽게 빠지게 된다.

이런 현상은 코로나19 사태 이후에도 나타나고 있다. [그림20]은 미국의 월별 개인가처분소득DPI과 개인소비지출PCE을 비교한 그래프다. 쉽게 말해 소득과 지출을 비교한 그래프라고 할 수 있다.

코로나19 사태로 3월에는 개인가처분소득이 일시적으로 줄었지만 4월에는 코로나19 사태 이전인 2월보다 무려 11%나 늘어났다. 트럼프 정부가 천문학적인 수준의 긴급재난소득을 뿌린 데다 원래 월급보다도 많은 실업급여를 지급했고, 중소기업과 자영업자에게도 온갖 방법으로 돈을 퍼줬기 때문이다.

하지만 소득이 늘었는데도 개인소비지출은 같은 기간 무려 14%나 줄어들었다. 평소에는 좀처럼 저축을 하지 않는 미국인들이 정부의 온갖 지원금이 들어왔는데도 가처분소득의 3분의 2밖에 지출하지 않고 저축을 크게 늘렸다는 얘기다.

왜 이렇게 지출을 꺼린 것일까? 정부가 돈을 뿌린 덕분에 일시적으로 소득은 늘어났지만 코로나19 사태가 언제까지 계속될지 모르는 상황에서 불확실성이 커지자 소비를 대폭 줄인 것이다. 게다가 코로나19의 확산을 방지하기 위해 개인의 이동을 철저히 통제

그림20. 미국의 월별 개인가처분소득(DPI)과 개인소비지출(PCE) 비교

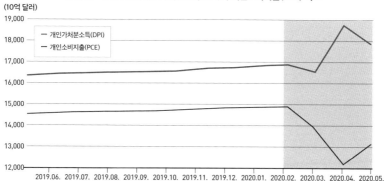

출처: US Bureau of Economic Analysis, FRED

한 탓에 돈을 쓰고 싶어도 쓰기가 어려웠다.

　이런 상황이 계속되면 아무리 돈을 뿌려도 당장은 물가가 오를 가능성이 크지 않다. 돈을 아무리 찍어도 돈이 유통되지 않으면 물가 상승으로 이어지지 않기 때문이다. 그러나 물가가 오르지 않는다고 안심하고 끝없이 돈을 찍어내다 보면 언젠가 디플레이션과 인플레이션 사이의 임계점을 돌파하는 시점이 찾아올 수도 있다.

　게다가 끝없는 양적완화로 인플레이션을 가져올 만큼 돈이 많이 풀린 상황에서 어떤 이유에서든 코로나19에 대한 불안과 공포가 가시게 되면 너도나도 돈을 쓰기 시작하면서 억눌렸던 소비 욕구가 분출되고 소비가 폭발적으로 늘어나, 우리가 원치 않는 수준의 과도한 인플레이션으로 급격한 반전이 이루어질 가능성도 있다.

　더구나 이번 코로나19 사태에는 온갖 대출과 긴급지원금 형태로 대중에게도 돈을 풀었다는 점에서 2008년 글로벌 금융 위기 당시의 양적완화와는 큰 차이가 있다. 당시에는 양적완화로 풀린 돈이 대부분 은행권에서 맴돌다 끝났기 때문에 자산 가격만 올랐을 뿐, 물가에는 영향이 없었다.

코로나19 사태 이후 연준은 온갖 직·간접적인 방법으로 회사채와 모기지 채권을 사들이고 상업용 부동산 대출까지 지원해주고 있다. 게다가 중소기업은 물론 자영업자와 실업자에게까지 온갖 대출과 현금 지원을 해주고 있다. 물론 지금처럼 실물경제 회복이 더디게 이루어지면 연준이 푸는 돈이 눈덩이처럼 불어날 것이다. 당장은 그렇게 풀린 돈이 시중에 나오지 않더라도 언젠가 일시에 유통되기 시작하면 인플레이션으로 반전될 가능성이 있다.

인플레이션으로의 전환 가능성과 관련해서는 글로벌 공급망의 퇴보도 눈여겨봐야 한다. 2000년대 이후 물가 상승 압력이 낮았던 이유 중에 하나는 글로벌 공급망에 의한 국제 분업 체계가 확립되면서 비용 감소 효과가 나타났기 때문이다. 즉 선진국 자본이 저개발국에서 원자재를 들여와 인건비가 낮은 신흥국에서 생산하는 방식으로 생산 비용을 대폭 낮춘 것이다.

이 같은 세계화와 국제 분업 체계로 가장 큰 혜택을 본 나라는 바로 중국이었다. 중국은 1990년대 이후 저렴한 임금과 정부의 지원책을 무기 삼아 글로벌 공급망에서 가장 강력한 제조업 국가로 자리 잡았다. 미국은 중국과 신흥국에 제조업 공장을 잃은 대신 이들 국가에서 쏟아져 들어온 값싼 제품 덕분에 장기적인 물가 안정을 누릴 수 있었다.

하지만 글로벌 금융 위기 이후 미국의 빈부격차가 더욱 빠른 속도로 벌어지자 미국은 그 주범이 제조업 일자리를 앗아간 중국이라고 생각했다. 그 결과 미·중 무역 갈등이 심화되면서 글로벌 공급망에 균열이 가기 시작했다. 만일 갈등이 더욱 격화된다면 지금까지 물가 하락을 이끌었던 국제 분업 체계와 글로벌 공급망이 퇴보해 인플레이션을 자극할 수 있다.

코로나19 이후, 빅테크에 대한 규제가 시작된다면

그동안 미국 등 선진국의 물가가 장기간 안정세를 보였던 또 다른 이유는 바로 '아마존 효과Amazon effect'였다. 아마존 효과란 전자상거래eCommerce 업체가 기존 산업이 지배하고 있던 시장에 진출하면 가격 하락, 일자리 감소, 주가 변동 등 다양한 교란 효과가 일어나는 것을 의미한다.

아마존이 특정 시장에 진출하면 기존 업자들은 가격을 파괴하는 아마존과 경쟁해야 하기 때문에 가격을 내릴 수밖에 없다.[15] 특히 아마존의 경우 뛰어난 기술력과 강력한 플랫폼을 갖고 있는 데다 막강한 자본력으로 구산업이 퇴출될 때까지 저가 경쟁을 하기 때문에 아마존이 진출한 분야가 늘어날수록 물가가 더욱 하락하게 된다.

결국 아마존에 밀려난 기업들은 퇴출되거나 구조조정의 위기에 내몰린다. 이 과정에서 대량 해고가 일어나지만 아마존의 신규 고용은 이에 턱없이 못 미치고, 대부분의 구직자는 저임금 일자리로 내몰리게 된다. 그 결과 중산층의 소비 여력은 더욱 약화되고 경제 전체의 물가 하락 압력은 더욱 커지게 된다.

빅테크 기업들의 독주로 구산업에서 일자리를 잃는 사람들이 늘어나게 되면 결국 정부가 규제에 나설 가능성이 커진다. 지금 당장은 코로나19 사태가 계속되고 있어서 규제하기 어렵지만 어느 정도 안정세로 돌아서면 빅테크 기업에 대한 규제가 본격화될 것이다. 이 경우 아마존이 부담할 비용이 가중되거나 또는 신규 진출에 제약을 받을 수 있기 때문에 물가 하락을 이끌어왔던 아마존 효과가 반감될 확률이 높다.

이런 요인이 작동되어 인플레이션이 나타나면 어떻게 될까? 역사상 최초로 헬리콥터 머니를 실행했던 일본의 사례를 보면 중앙은행이 디플레이션과 인플레이션을 완벽하게 통제하기가 얼마나 어려운지 알 수 있다. 대공황 당시 일본의 대장상이었던 다카하시 고레키요高橋是淸는 1930년대 초반 대공황을 극복하기 위해 재정지출로 돈을 뿌리는 '헬리콥터 머니' 정책을 도입했다.

그 덕분에 일본은 그 어떤 나라보다도 먼저 대공황의 늪에서 빠져나올 수 있었다. 벤 버냉키는 연준 의장이 되기 전부터 다카하시의 헬리콥터 머니 정책을 성공 사례로 자주 언급해왔다.[16] 그런데 다카하시는 1930년대 중반 이후 시중에 너무 많은 돈이 풀리자 인플레이션을 우려해서 돈을 회수하려 했다. 그러자 자신들의 예산까지 깎일 것을 우려한 군부 세력이 그를 암살해버렸다.

다카하시의 후임자들은 군부의 계속된 압박으로 끝없이 돈을 푸는 팽창적 재정정책을 유지했고, 디플레이션이 하루아침에 인플레이션으로 바뀌면서 물가가 계속 치솟아 오르는 통제 불능의 상태로 빠져들었다. 1930년대 후반에는 10%가 넘는 하이퍼인플레이션이 일어났다.[17]

이처럼 헬리콥터 머니로 돈을 풀다가 이를 중단하는 것은 쉬운 일이 아니다. 일본에서는 군부의 암살이라는 저항이 일어났지만, 민주국가에서는 투표로 정권을 바꾸는 일이 비일비재하게 일어난다. 특히 경기회복도 가시화되지 않은 상태에서 이를 멈추는 것은 쉬운 일이 아니기 때문에 디플레이션과 싸우던 많은 정부가 인플레이션의 함정에 빠지곤 했다.

만일 디플레이션이 급격한 인플레이션으로 전환되어 물가 상승을 통제하기 어려워지면 양적완화로 풀린 돈을 거두어들이거나 1970년대 후반처럼 기준금리를 올릴 수밖에 없다. 하지만 경기가 완전히 회복되지 않았을 때 이런 정책을 썼다가는 자칫 자산 가격 하락이나 불황을 가속화할 수 있다.

빈부격차가 크지 않았던 1970년대와 달리 2020년대에는 빈부격차가 다시 1929년 대공황 수준에 가까울 정도로 커진 만큼 이런 상황에서 인플레이션까지 발생하면 중산층과 서민은 1970년대 스태그플레이션 당시보다 훨씬 더 큰 고통을 받을 가능성이 높다. 그리고 이처럼 확대된 빈부격차는 정책의 선택지를 더욱 줄일 것이다.

물론 이 책이 나온 시점에는 지금까지의 양적완화 규모와 미국 경제에 잠재된 디플레이션 압력을 종합적으로 고려할 때 여전히 디플레이션 위협이 훨씬 더 크다. 그래서 정책 당국은 일단 디플레이션에서 벗어나는 일에 총력을 기울여야 한다. 다만 디플레이션 위협이 클수록, 또 오래 지속될수록 더 많은 돈이 풀리고, 인플레이션으로 반전될 에너지가 계속 쌓이게 된다.

지금 당장 자산 포트폴리오를 구성하려면 디플레이션을 기본 전제로 삼아야 한다. 하지만 인플레이션과 디플레이션은 언제나 극적인 반전 끝에 찾아왔기 때문에 디플레이션의 골이 깊을수록 당장은 아니더라도 멀지 않은 미래에 인플레이션으로 반전될 가능성도 함께 열어두고 포트폴리오를 짜야 한다. 특히 디플레이션 국면에는 양적완화와 같은 자산 가격 부양책을 얼마든지 쓸 수 있지만, 인플레이션 국면으로 전환된다면 더 이상 부양책을 쓰기 어려워질 수도 있다는 점을 명심해야 한다.

5

저유가 사이클의 역습,
오일 전쟁

세계를 뒤흔든
오일 전쟁의 역사

"석기시대는 돌이 부족해서 끝난 게 아니다. 돌을 대체할 기술이 나타났기 때문에 끝났다. 석유의 시대도 곧 종말을 맞겠지만, 결코 석유가 부족해서 끝나지는 않을 것이다."

1962년 32세의 나이에 사우디아라비아 석유장관에 임명되어 25년 동안 세계 유가를 쥐락펴락했던 자키 야마니Ahmed Zaki Yamani 장관의 말이다. 석유의 시대가 영원히 계속되지 않을 것을 우려한 그는 사우디아라비아의 미래를 위해 유가를 올려 최대한 돈을 벌어

놔야 한다고 생각했다. 그래서 사분오열되어 있던 석유수출국기구 OPEC를 단합시키고는 주요 산유국이 손을 잡고 석유를 감산하는 동시에 단가를 인상하는, 정교하게 계획된 1차 오일쇼크를 일으켰다.[18]

1배럴에 2.9달러였던 유가는 단 한 달 만에 12달러로 4배나 치솟았다. 유가 폭등으로 세계경제는 큰 타격을 받았다. 더 큰 성과는 사우디아라비아가 원유 가격을 주도하는 위치에 올라서면서 세계 주요 선진국들조차 사우디아라비아의 눈치를 보게 되었다는 점이었다. 1차 오일쇼크 이후 야마니는 '석유의 황제'나 '미스터 오일'로 불리게 되었다.

하지만 야마니는 유가가 한없이 치솟아 오르면 오히려 사우디아라비아에 불리할 수 있다는 것도 잘 알고 있었다. 고유가가 계속되면 세계적으로 유전 개발이 가속화되어 과잉 생산에 따른 유가 하락이 찾아올 수 있었기 때문이다. 그래서 야마니는 1차 오일쇼크로 주도권을 장악한 뒤에는 오히려 원유 가격을 안정시키기 위해 애를 썼다.

하지만 늘 그렇듯 역사는 예상치 못한 일이 일어나 뜻밖의 방향으로 흘러가게 된다. 1979년 이란 혁명으로 개방적이었던 팔레비 왕조가 무너지고 이슬람주의에 입각한 신정부가 등장하면서 하루 600만 배럴이었던 원유 생산량이 200만 배럴로 줄어들고 원유 시장이 요동치기 시작했다.

이후 이라크의 이란 침공이 이어지면서 유가가 1배럴에 30달러를 돌파하는 2차 오일쇼크가 일어났다. 두 차례에 걸친 오일쇼크로 2.9달러였던 유가가 10배 넘게 치솟아 오른 것이다. 지금 물가 수준으로 보면 1배럴에 100달러를 돌파한 셈이어서 세계경제에 미친 충격은 이루 말할 수 없었다.

이처럼 유가는 요동치는 국제정세에 따라 급등락을 하면서 세계 금융시장과 실물경제에 큰 영향을 미쳐왔다. 특히 2020년 초에는 원유 감산을 둘러싼 사우디아라비아와 러시아의 치킨게임이 코로나19 확산과 맞물리면서 마이너스 유가라는 초유의 사태를 낳았다. 그 결과 미국 셰일 업체의 무더기 도산 가능성까지 제기되면서 뉴욕 증시는 물론 전 세계 주식시장을 끌어내리는 엄청난 파장을 일으켰다.

이 때문에 세계 금융시장의 변화를 파악하려면 저유가와 고유가의 사이클을 반복해온 유가의 흐름을 정확히 이해하는 것이 중요하다. 특히 저유가에서 고유가로, 또 고유가에서 저유가로 사이클이 바뀌는 시점에 거대한 부의 지각변동이 일어났기 때문에 무엇보다도 그 변곡점에 주목해야 한다.

[그림21][19]은 1869년부터 2019년까지 지난 160년 동안 물가를 감안한 실질 원유 가격real oil price의 변화를 나타낸 그래프다. 이를 살펴보면 19세기 후반 큰 폭의 등락을 보였던 유가가 20세기 초반부터 장기간 안정세를 보이다가 1973년 오일쇼크 이후 다시 거대한 급등락 사이클을 만들기 시작한 것을 확인할 수 있다.

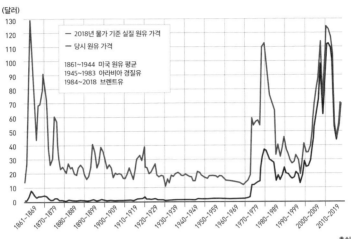

그림21. 실질 원유 가격의 변화 추이(2018년 물가 기준)

(달러)

- 2018년 물가 기준 실질 원유 가격
- 당시 원유 가격

1861~1944 미국 원유 평균
1945~1983 아라비아 경질유
1984~2018 브렌트유

출처: BP

19세기 후반 유가가 요동쳤던 것은 미국의 석유왕 존 D. 록펠러 John D. Rockefeller와 관련이 있다. 1800년대 후반 석유 시추 기술이 발달하자 유가는 빠르게 하락하기 시작했다. 그런데 록펠러가 세운 스탠더드오일Standard Oil Company이 미국에서 유통되던 석유의 95%를 장악하면서 시장에 큰 변화가 오기 시작했다.

록펠러는 막강한 독점력을 토대로 스탠더드오일에 맞설 경쟁업체가 등장하면 유가를 원가 이하로 낮추어 경쟁업체를 퇴출시키거나 헐값에 인수했다. 철도까지 장악했던 록펠러는 경쟁 업체의 원유 수송을 원천적으로 막아 파산시키는 불법적인 수단까지 동원했다. 덕분에 록펠러는 당시 세계에서 가장 큰 부를 독점했던 인물

3부 코로나 이후 세계경제, 연준이 통제할 수 없는 변수들

로 꼽히게 되었다.

독점의 폐해를 보다 못한 미국 의회는 1890년 독점금지법인 셔먼법Sherman Antitrust Act을 제정했다. 일반적인 독점금지법 같았지만 철저하게 록펠러를 겨냥한 법이었다. 하지만 록펠러의 집요한 방해로 이법은 시행되지 않다가 1906년에야 반독점법 위반 혐의로 재판이 시작되었고, 1911년에야 스탠더드오일이 33개 회사로 해체되었다.

스탠더드오일이 해체된 이후에는 원유시장을 독점한 특정 세력이 없었기에 유가는 수요와 공급에 의한 시장가격으로 거래되면서 무려 60년 가까운 장기 안정세를 보였다. 가격 안정 덕분에 석유가 산업 생산과 운송 수단에 널리 쓰이면서 본격적인 석유 혁명이 시작되었고 석유 의존도도 점점 커져갔다.

이런 상황에서 1973년 산유국들이 담합을 통해 석유 가격을 끌어올리는 오일쇼크를 일으키면서 20세기 초반 록펠러처럼 큰 부를 얻게 되었다. 바로 이 시점부터 유가 안정이 끝나고 폭등과 폭락을 거듭하는 거대한 유가 사이클이 만들어지면서 세계경제와 산유국 경제에 심각한 위협이 되기 시작했다.

당장 1973년 시작된 오일쇼크는 세계경제에 장기 불황을 가져왔다. 유가가 치솟아 오르자 세계 곳곳에서 물가가 급등했다. 이를 막기 위해 각국 중앙은행은 어쩔 수 없이 금리를 대폭 인상했다. 그 결과 수요 위축으로 성장률이 둔화됐지만, 유가가 계속 치솟는 바람에 물가 상승조차 제대로 잡지 못했다. 인플레이션과 불황이 함께 찾아오는 스태그플레이션이 더욱 심화되었다.

하지만 야마니의 예견대로 고유가가 지속되는 것은 결코 산유국에 유리하기만 한 일이 아니었다. 1979년 2차 오일쇼크로 유가가 더욱 치솟아 오르자 세계 곳곳에서 유전 개발이 시작되었다. 하지만 유전 개발은 탐사에서 생산까지 7~8년 정도가 소요되기 때문에 과도한 유전 개발이 이루어지고 있음에도 당장은 생산량이 늘지 않아, 유가는 한없이 치솟아 올랐다.

그러다가 1980년대 중반 오일쇼크 이후에 개발된 유전에서 동시에 원유가 쏟아져 나오면서 유가가 대폭락했다. 1985년 1배럴에 30달러였던 유가는 1986년 7달러까지 떨어졌다. 야마니는 2차 오일쇼크로 유가가 폭등하자 유가 안정을 위해 감산해야 한다고 경고했다. 하지만 쏟아져 들어오는 원유 대금에 취해 있던 사우디 왕가는 경고를 무시하다가 정작 유가가 폭락하자 그 책임을 물어 야마니를 해임했다.

산유국들은 유가가 폭락하고 나서야 뒤늦게 감산을 시도했다. 하지만 일단 개발이 완료된 유전에서 생산을 중단하는 것은 쉬운 일이 아닌 데다 고유가 시대에 늘려놓은 각종 지출 때문에 몰래 증산을 시도하는 나라들이 있어서 감산 합의는 매번 실패로 돌아갔다. 그 결과 1985년부터 2000년까지 유가가 1배럴에 10~30달러를 벗어나지 못하는 저유가 시대가 지속되었다.

사실 오일쇼크가 한창일 때 세계 각국은 유가만 낮아지면 경기가 회복될 것이라고 믿었다. 하지만 저유가도 고유가 못지않게 세계경제에 심각한 문제를 야기했다. 이미 고유가 시대에 흥청망청 돈을 쓰던 산유국들은 유가가 급락하자 잇따라 국가 부도 사태를 겪었다. 이런 위기는 한국처럼 수출 의존도가 높은 동아시아 국가들로 전염되어 잇따라 외환 위기를 일으켰다.

감산과 고유가 사이클,
언제든 돌아올 수 있어

저유가가 15년이나 계속되자 이번에는 유전 개발이 크게 위축되었다. 그 여파로 원유 생산량이 급감하면서 2001년 이후 다시 고유가 사이클이 시작되었다. 게다가 저유가 시대에 자금력이 풍부한 다국적 에너지 기업이 저개발국가의 원유 업체를 헐값에 사들여서 시장 지배력을 높여놓았기 때문에 소수 거대 기업의 가격 결정력이 커지면서 유가 상승에 더욱 가속도가 붙었다.

2008년 6월 1배럴에 140달러를 넘어선 두바이유는 글로벌 금융 위기로 잠시 30달러로 하락했다가 이내 급등세로 돌아서서 2011년에는 다시 110달러를 돌파했다. 글로벌 금융 위기에 따른 불황으로 원유 수요가 줄어든 것보다 오랜 저유가로 유전 개발이 줄어든 효과가 더 컸던 것이다. 한편 2001년부터 2013년까지 13년간 고유가 사이클이 진행되는 동안에는 과도한 유전 개발이 이루어졌고, 이는 2014년부터 시작된 저유가 사이클의 원인이 되었다.

2000년대 지속된 고유가 사이클은 셰일 혁명까지 불러왔다. 셰일 가스shale gas를 시추하는 기술은 이미 개발되어 있었지만, 워낙 생산 단가가 높았기 때문에 저유가 시대에는 실제 개발로 이어지지 못했다. 그런데 2000년대 고유가 사이클로 원유 가격이 1배럴에 100달러를 넘나들면서 셰일 오일 개발이 러시를 이루었고, 2010년대에는 막대한 양의 셰일 오일이 쏟아져 나오기 시작했다.

결국 늘어난 원유 생산에 셰일 가스까지 가세하면서 2014년부터 본격적인 저유가 사이클이 시작되었다. 저유가가 계속되면 2000년대 원유 1배럴에 100달러를 오르내리던 고유가 시대에 적극적으로 유전을 개발했던 브라질, 러시아 등이 큰 타격을 받게 되고 원유 수출에 국가 재정을 의지하는 중동 국가들도 심각한 재정난에 처할 가능성이 있다.

만일 연준의 양적완화와 질적완화가 실물경제까지 되살리는 데 오랜 시간이 걸리면 원유뿐만 아니라 구리 같은 주요 원자재 가격이 전반적으로 하락하게 된다. 이는 원자재에 대한 의존도가 높은 신흥국 경제에 큰 영향을 미치기 때문에 앞으로 유가와 원자재 가격을 유심히 살펴야 한다.

더 큰 문제는 생산비조차 충당하지 못할 정도로 저유가가 장기간 지속될 경우에는 새로운 유전 탐사와 개발이 지연될 가능성이 크다는 점이다. 2014년 저유가 사이클이 시작된 데다 원유 탐사에서 시추까지 7~8년 정도 걸리는 점을 감안하면, 앞으로 3~4년 안에 갑자기 고유가 사이클이 찾아올 수도 있다.

게다가 원유 선물 가격이 마이너스로 추락했던 2020년 1분기 이후 초저유가 현상이 한동안 지속되면서 생산 비용조차 감당하지 못하는 유전이 급증했고, 그중에는 폐쇄된 유전도 적지 않기 때문에 고유가 사이클은 생각보다 훨씬 더 앞당겨질 수도 있다.

고유가 사이클이 앞서 설명한 인플레이션 전환기와 맞물리게 되면 자칫 오일쇼크와 함께 스태그플레이션이 시작됐던 1970년대와 같이 큰 고통을 겪을 수 있기 때문에 유가의 동향에 지속적으로 관심을 기울여야 한다.

6

양적완화가
신흥국 경제를 구할 수 있을까

2020년 3월 미 연준의 무제한 양적완화 선언과 동시에 미국과 유럽은 물론 한국 증시도 큰 폭의 반등에 성공했지만, 신흥국 증시는 그렇지 못했다. 그러다가 2020년 하반기에 미국의 양적완화의 효과가 시차를 두고 신흥국 증시까지 끌어올리면서 점차 가파른 상승세를 보이고 있다.

미 연준이 양적완화로 달러를 무제한으로 풀면 우선 미국 증시부터 상승하게 된다. 그러다가 미국의 주가가 일정 수준 이상 치솟아 오르면 상대적으로 저평가된 신흥국 자산 투자가 시작된다. 하지만 신흥국의 실물경제까지 회복시키지 못한다면 이런 해외 자본 유입과 자산 가격 상승은 오히려 독이 될 수 있다.

특히 실물경제가 살아나더라도 미국 내에서 빈부격차가 확대되듯 미국과 신흥국 경제도 더욱 격차가 벌어질 가능성이 크다. 더구나 신흥국 내에서도 앞으로 전개될 미국 주도의 IT 혁명과 글로벌 공급망 재편에 올라탄 나라와 그렇지 못한 나라 사이의 격차가 확대될 것이다.

이 같은 격차 확대로 저성장의 늪에 빠진 신흥국들이 자칫 도미노처럼 연달아 무너질 경우, 코로나19 사태 앞에 가까스로 버티고 있는 세계경제에 커다란 위협이 될 수 있다. 특히 미국 연준의 양적완화가 신흥국 경제 회복을 이끌어내지 못하고 선진국만의 잔치로 끝나게 된다면 더욱 심각한 문제가 발생할 것이다.

처음부터 미국 등 선진국과 신흥국의 격차가 컸던 것은 아니었다. 1990년부터 2007년까지는 신흥국의 연평균 경제성장률이 선진국보다 무려 2.5%p나 높았다. 특히 2000년부터 2007년까지 7년 동안에는 무려 3.5%p나 높았기 때문에, 이제 선진국과 신흥국의 차이가 사라지고 평준화된 세계가 도래할 것이라는 신흥국들의 장밋빛 전망이 쏟아져 나왔다. 하지만 이런 기대는 2008년 글로벌 금융 위기 이후 완전히 무너져 내렸다.[20]

물론 글로벌 금융 위기 이후 미국의 경제성장률도 예전보다는 훨씬 낮아졌다. 하지만 2013~2016년 주요 중남미 국가들의 경제성장률이 마이너스를 기록한 것은 물론, 대다수 개발도상국가의 경제성장률이 정체 상태를 보이면서 신흥국과 선진국의 경제성장률 격차는 거의 0%p로 낮아지거나 심지어 마이너스가 되었다. 다시 선진국과 신흥국의 격차가 확대되기 시작한 것이다. 특히 중국을 제외한 다른 신흥국의 성장률 저하가 매우 심각했다.

2010년대 이후 미국과 신흥국의 격차가 확대된 데에는 여러 이유가 있다. 대니 로드릭Dani Rodrik 하버드대 교수는 제조업에서 선진국을 쉽게 베낄 만한 것easy copycat catch-up이 이제 더는 남아 있지 않아서라고 주장한다.[21] 제조업 분야에서 낮게 매달린 과일low-hanging fruit, 즉 쉽게 따라잡을 수 있는 기술은 이미 다 흡수했다는 것이다.

또 다른 이유는 최근 선진국의 새로운 산업이 플랫폼 비즈니스platform business(기차역 플랫폼이 수많은 사람과 물건이 오가는 핵심 인프라인 것처럼, 여러 산업에 걸쳐서 반드시 필요한 빅데이터, AI 등 핵심 인프라와 생태계를 활용하는 경제를 뜻한다) 중심이라는 점이다. 구글은 전 세계에 모바일 OS를 무료로 배포해 플랫폼을 장악하고 검색 광고와 다양한 서비스로 수익성을 확보하고 있다. 애플은 OS와 앱스토어를 플랫폼으로 활용하여 세계적인 가치 사슬value chain을 만들었다. 페이스북이나 넷플릭스 등 미국의 빅테크 기업들은 대부분 전 세계를 사로잡은 플랫폼을 구축했다.

플랫폼 비즈니스는 일단 소비자가 익숙해지면 웬만해서는 바꾸지 않는 데다 기존 사용자가 새로운 사용자를 끌어들이는 네트워크 효과network effect(일단 어떤 상품에 대한 수요가 형성되면 다른 사람들의 상품 선택에 큰 영향을 미치는 현상)까지 있기 때문에 먼저 진출한 기업이 시장을 장악하고 나면 후발 주자가 설 자리가 없어진다.

이처럼 빅테크 기업이 미국 내의 시장뿐만 아니라 신흥국 시장에까지 침입해 유통, 광고, 미디어 등의 산업을 파괴하고 그 가치사슬을 빼앗아가지만, 신흥국 기업들이 미국 플랫폼 기업의 혁신성과 기술력을 뛰어넘어 도전한다는 것은 아직 불가능에 가깝다.

선진국과 신흥국의 격차가 벌어지는 또 다른 이유는 로봇공학과 인공지능 기술이 발전하면서 더 이상 값싼 임금을 찾아 신흥국에 공장을 지을 필요가 없어졌다는 점이다. 이 때문에 이제는 시장이 있는 선진국에 제조업 공장을 짓는 리쇼어링 현상reshoring(인건비 등 각종 비용 절감을 이유로 해외에 나간 자국 기업이 다시 국내에 돌아오는 현상)이 점점 더 가속화되고 있다.

더구나 코로나19 사태가 리쇼어링 현상을 더욱 가속화할 가능성이 크다. 코로나19 사태로 글로벌 공급망이 마비되는 것을 직접 경험한 각국 정부와 기업들은 안정적인 공급망을 확보하기 위해 자국으로 공장을 옮기기 시작했다. 이는 신흥국에 대한 해외직접투자 축소로 이어져서 장기적으로는 신흥국의 성장 동력을 약화시키는 요인이 될 수 있다.

코로나19 사태 이후 자국의 이익부터 챙기려는 자국 중심주의가 활개를 치면서 1990년 이후 세계경제를 이끌어왔던 세계화 열풍을 반대로 되돌리는 반세계화 물결도 거세지고 있다.

반세계화 물결은 세계 교역량의 증가세를 둔화시킬 가능성이 높다. 내수시장의 비중이 높은 선진국에는 교역량 감소가 큰 위협이 되지 않지만 수출의존도가 높은 신흥국에는 큰 타격이 될 수밖에 없다.

코로나19 사태 이후 경기 부양책을 쓸 수 있는 여력도 선진국이 훨씬 더 크다. 미국은 기축통화국인 덕분에 아무리 양적완화로 달러를 풀어도 금융시장에 큰 문제가 생기지 않는다. 유럽이나 일본은 미국보다는 제약이 있지만 여전히 부양책을 쓸 여력이 남아 있다.

이에 비해 신흥국은 금리 인하나 부양책이 오히려 독이 되는 경우가 있다. 예를 들어 2020년 4월 브라질중앙은행은 코로나19 사태에 따른 금융시장의 불안을 막기 위해 기습적으로 기준금리를 1%p 인하했지만 시장 금리는 오히려 급등했다. 기준금리를 인하하자 브라질 헤알화 가치가 떨어질 것을 우려한 해외투자자들이 자금을 빼나갔기 때문이다. 이렇게 신흥국은 독자적인 부양책이 거의 도움이 되지 않거나 오히려 역효과를 내기 때문에 경제 위기에 취약할 수밖에 없다.

마지막으로 기후변화와 환경 문제 역시 신흥국에 불리한 요소다. 사실 선진국은 산업혁명 이후 공업화 과정에서 환경 문제 같은 것은 전혀 고려하지 않고 마음껏 오염 물질을 배출하며 성장해왔다. 하지만 이제 이상기후와 폭우 등 심각한 기후변화가 가시화되면서 기후변화를 일으키는 탄소 배출을 규제해야 한다는 목소리가 점점 커지고 있다.

이 시점에 탄소 배출 규제를 강화하면 결국 직격탄은 모두 신흥국에 돌아갈 수밖에 없다. 선진국은 이미 탄소 배출량이 많지 않은 4차 산업이나 서비스업으로 산업의 중심이 옮겨갔기 때문에 탄소 배출량을 규제해도 큰 문제가 되지 않지만, 공업화 단계에 있는 신흥국이 탄소 배출량을 줄이려고 하면 비용 증가와 경쟁력 약화를 감수해야 한다.

이런 경제 환경의 변화 때문에 신흥국이 선진국을 추격하는 것은 점점 더 어려워질 가능성이 크다. 산업혁명 이후 농업 국가에서 공업 국가로 변신하지 못한 나라들이 후진국으로 전락한 것처럼, 앞으로 어떤 방식으로든 IT혁명에 동참하지 못하는 국가는 중진국 대열에서조차 탈락하게 될 것이다.

문제는 미국의 양적완화가 계속되는 동안에는 이런 문제점을 가리는 눈속임이 일어날 가능성이 크다는 점이다. 양적완화로 흘러넘친 돈이 저평가된 곳을 찾아 신흥국으로 유입되면 주가와 채권 가격은 물론 통화가치까지 과도하게 상승할 가능성이 있다. 이 경우 신흥국의 수출 경쟁력이 약화되겠지만 해외 자본이 유입되는 동안에는 문제가 겉으로 드러나지 않는다.

그러다가 미국 경제가 더욱 악화되어 양적완화가 불가능해지거나 반대로 경기가 회복되어 양적완화를 거두어들이기 시작하면 글로벌 투자자들은 현금을 확보하기 위해 신흥국에 투자한 돈부터 회수하게 된다. 실물경제가 회복되지 않은 신흥국들은 해외 자금이 대거 빠져나가면 금융시장까지 흔들리고 큰 위기에 처할 수 있다.

물론 신흥국 경제는 세계경제에서 그 비중이 미미하기 때문에 한두 나라가 파산하는 것은 큰 문제가 되지 않는다. 하지만 일단 신흥국 위기가 발생하면 도미노처럼 연쇄적으로 국가 부도가 나는 경우가 있기 때문에 주의해야 한다. 신흥국 경제는 세계경제의 약한 고리이기 때문에 '탄광 속 카나리아_{canary in a coal mine}'(옛날 광부들이 일산화탄소 등 유해 가스에 민감한 카나리아를 탄광에 놓아두고 카나리아의 상태를 탈출 경고로 삼은 데서 유래한 말)처럼 세계경제의 위험 신호를 보여주는 중요한 풍향계가 될 수 있다.

7

잠시 숨 고르는
중국 경제 버블

사실 코로나19 사태 이전 중국의 부채 문제는 언제 터져도 이상하지 않을 만큼 매우 심각한 상황이었다. 관건은 중국 기업들의 달러 부채였다. 만일 미국의 금리 인상으로 시장 금리가 상승하거나 자금 회수가 시작되었다면 중국은 위태로운 2020년을 보냈을지도 모른다. 하지만 코로나19 사태로 미국이 양적완화를 하면서 상황이 달라졌다.

사실 중국에 부채 문제가 시작된 것은 2008년 글로벌 금융 위기로 거슬러 올라간다. 2007년까지만 해도 부채는 중국에 아무런 문제가 되지 않았다. 그런데 2008년 미국발 글로벌 금융 위기가 발생하자, 중국은 자국의 경제성장률을 지키고 미국이 주춤하는 절호의 기회에 미국을 추격하기 위해 천문학적인 규모의 부양책을 시행했다.

그 결과 중국의 기업과 지방정부 모두 빚더미에 깔리면서 중국의 기업 부채는 2008년 4조 달러(약 4,700억 원)에서 2019년에는 19조 8,000억 달러(약 2경 3,500조 원)로, 11년 만에 무려 5배로 급증했다. 가계 부채와 정부 부채도 함께 늘어나면서 2008년 162%였던 GDP 대비 총부채(정부·가계·기업 부채를 모두 합친 부채 규모) 비율은 2019년 1분기에 이미 300%를 돌파했다.[22] 이는 글로벌 금융 위기 직전 미국의 총부채 비율을 뛰어넘는 수준이다.

문제는 중국의 기업 부채와 가계 부채를 합친 민간 부채의 증가 속도가 위험할 정도로 빠르다는 점이다. 2008년부터 2017년까지 중국의 GDP 대비 기업 부채 비율은 93.6%에서 160.3%로 66.7%p나 뛰어올랐다. 같은 기간 가계 부채도 30.5%p나 뛰어올라 민간 부채 증가율이 다른 어떤 나라보다도 높았다.[23]

국제통화기금IMF은 GDP 대비 민간 부채 비율이 5년 안에 30%p 이상 빠르게 증가한 43개국 가운데 38개국이 금융 위기나 성장 둔화를 겪었다고 밝혔다. 특히 GDP 대비 민간 부채 비율이 연 1%p씩 오를 때마다 그 나라에서 금융 위기가 발생할 확률은 0.4%p씩 높아지는 것으로 추정했다.[24]

지금까지는 중국의 경제성장률이 높았기 때문에 부채가 급증해도 큰 문제가 되지 않았다. 하지만 어떤 이유로든 일단 경제성장률이 꺾이게 되면 부채 문제가 수면 위로 드러날 수밖에 없다. 경제성장률이 하락해 기업의 이윤과 가계 소득이 줄어들면서 빚을 갚을 수 없는 가계와 기업이 급증하게 되기 때문이다.

실제로 중국의 경제성장률은 2010년만 해도 10.8%나 됐다. 하지만 그 뒤 지속적으로 경제성장률이 하락하면서 2018년에는 6.6%, 2019년에는 6.1%까지 떨어졌다. 미국이나 유럽의 경제학자들 중에는 중국의 경제성장률이 이미 2019년에 3%대로 떨어졌다고 보는 시각도 적지 않다. 이처럼 경제성장률이 하락하게 되면 부도율이 높아져 금융 시스템에도 큰 부담이 된다.

경제성장률이 하락하는 데는 다양한 이유가 있지만, 그중 중요한 것은 중국에서 자본의 효율성이 계속 떨어지고 있다는 사실이다. 2000년대 이전 중국에 자본이 부족했던 시기에는 100을 투자하면 90을 산출할 수 있을 정도로 자본의 효율성이 높았다. 하지만 중국 경제가 성숙 단계에 접어들면서 이제 투자할 만한 곳은 모두 투자가 이루어졌기 때문에 2018년에는 100을 투자해도 25밖에 산출되지 않을 정도로 자본의 효율성이 급격히 떨어졌다.[25]

[그림22]는 중국 민영기업의 회사채 부도율과 부도 금액이다. 2018년을 기점으로 부도율과 부도 금액 모두 급증한 것을 확인할 수 있다. 물론 0.6%대의 회사채 부도율은 다른 나라에 비하면 여전히 낮은 편이지만, 그동안 중국에서는 철저한 통제경제로 2014년까지 아예 부도가 존재하지 않았다는 점을 고려하면 이와 같은

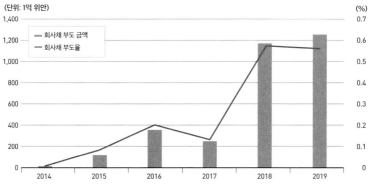

그림22. 중국 민영기업의 회사채 부도율과 부도 금액

(단위: 1억 위안)   (%)

- 회사채 부도 금액
- 회사채 부도율

출처: S&P Global

부도율 급증은 이례적인 현상이다.

특히 코로나19 사태 이후 연체나 부도 문제가 더욱 심각해지고 있다. 중국 공식 통계에서는 찾아보기 힘들지만, 2020년 3월 홍콩 〈사우스차이나 모닝포스트〉에 관련 기사가 실렸다. 중국의 은행 관계자들이 2월 신용카드 대출 연체가 1년 전보다 50%나 증가했다고 밝혔다는 것이다.[26] 또 베이징에 본사가 있는 온라인 대출회사 취디안은 2020년 2월 자사의 대출 연체율이 20%로, 두 달 전보다 7%p나 증가했다고 밝혔다.

그러나 2020년 3월에 시작된 미국의 무제한 양적완화가 중국의 상황을 반전시켰다. 미국의 양적완화로 천문학적인 달러가 풀린 데다 미국 장기국채 금리가 연 0%대로 떨어지면서 글로벌 금융시장에서 달러화 표시 채권 금리가 하락했던 것이다. 덕분에 달러 표시 부채 비율이 높은 중국의 대기업들은 부도 위기에서 벗어나 한숨 돌릴 수 있게 되었다.

하지만 필자가 전작[27]에서 소개한 것처럼 이미 중국은 '세 마리의 코뿔소'로 불리는 3대 위협, 즉 천문학적인 부채와 좀비 기업 그리고 부동산 버블에 시달리고 있다. 코로나19 사태 이후 시작된 미국의 무제한 양적완화는 중국의 세 마리 코뿔소를 잠시 멈추게는 하겠지만 영원히 잡아두지는 못할 것이다.

우선 중국에서는 자신들이 번 돈으로 이자조차 갚지 못해 정부 보조금으로 간신히 버티고 있는 좀비 기업들이 계속 늘어나고 있다. 보수적인 기준을 적용하는 중국인민대학조차 2013년에 좀비 기업의 수가 무려 3만 개에 육박해 전체 기업의 15%에 이른다고 분석했었다. 아직 통계가 나오지 않았지만 코로나19 사태 이후 좀비 기업은 더욱 늘어났을 가능성이 크다.

좀비 기업은 일단 손해를 보더라도 영업을 계속하기 때문에 시장 전체의 가격을 떨어뜨리는 원흉이 된다. 그 결과 단가가 하락하면서 멀쩡한 기업들까지 좀비 기업으로 전락하게 된다. 이 때문에 시장 기능에 의해 좀비 기업이 적절히 퇴출되게 하는 것은 경제 전체의 건전성 유지를 위해 매우 중요한 일이다.

하지만 국민의 일자리를 최우선으로 하는 중국 정부의 특성상 기업 퇴출을 마냥 지켜보고만 있기는 쉽지 않다. 이 때문에 중국 정부가 나서서 우량한 국영기업이 부실 기업을 인수·합병하게 하거나 막대한 금융 지원을 통해 좀비 기업의 생명을 연장시키는 경우가 적지 않았다. 게다가 코로나19 사태 이후 기업들이 경영 위기에 처하자 중국 정부는 경기 부양을 명분으로 '묻지 마 지원'을 하고 있다.

중국의 부동산 버블도 점점 심각해지고 있다. 2019년 일본의 경영 전문 잡지 〈닛케이 아시안 리뷰〉에 따르면[28] 가구 소득 대비 집값PIR, Price to Income Ratio(가구 소득 대비 주택 가격 비율)이 가장 높은 도시는 상하이로, 소득의 26배를 기록했다. 소득을 한 푼도 쓰지 않고 26년을 모아야 평균 수준의 집을 살 수 있다는 뜻이다. 2위는 베이징으로 23이었고, 홍콩은 19, 서울과 도쿄는 8이었다.

중국은 코로나19 사태 이후에도 집값이 끝없이 오르면서 부동산 버블이 심각한 단계로 접어들고 있지만, 중국 정부가 버블을 잠재우기 위해 나서는 것도 쉬운 선택은 아니다. 글로벌 금융 위기 이후 중국 중앙정부는 각 지방정부가 지역의 성장률을 높이도록 경쟁을 부추겼고, 지방정부는 성장을 가속화할 재원을 부동산 개발을 통한 토지 판매 대금으로 마련해왔기 때문이다.

실제로 2009년부터 2015년까지 7년 동안 지방정부가 토지 판매 대금으로 벌어들인 돈이 22조 위안(약 3,700조 원)이나 된다. 심지어 재정의 절반을 토지 판매 대금으로 충당하는 지방정부도 있다. 따라서 부동산 가격이 하락하면 지방정부는 심각한 재정난에 빠지고 대규모 부실 사태가 일어날 위험이 있다.

중국 정부는 코로나19 사태 이후 불황을 막기 위해 온갖 부양책으로 자산 가격을 끌어올리고 있다. 중국 정부가 지금처럼 버블을 방치하거나 오히려 조장한다면 모든 버블이 그렇듯 한계까지 부풀어 오르다가 결국에는 터져버릴 것이다. 특히 외부 충격으로 미국의 양적완화가 더 이상 효과를 발휘하지 못하거나 반대로 코로나19 사태의 여파가 완화되어 미국이 양적완화를 종료할 경우에는 위험한 뇌관이 될 수 있다.

코로나19 사태 이후 미국이 국제 분업 체계와 가치 사슬에서 중국을 분리하려는 움직임이 더욱 거세진 점도 중국에는 큰 위협이다. 사실 중국이 지난 40년 동안 놀라운 경제성장을 할 수 있었던 것은 미국의 용인하에 글로벌 가치 사슬에 참여할 수 있었기 때문이라고 해도 과언이 아니다.

그런데 2020년부터 미국은 중국을 배제한 친미 경제 블록인 '경제번영네트워크EPN, Economic Prosperity Network'를 구체화하며, 중국을 압박하고 있다. 이제 미국에 이어 세계 2위로 성장한 중국의 경제력을 무시할 수는 없지만, 여전히 세계경제의 슈퍼파워인 미국이 작정하고 중국을 배제한다면 중국은 전례 없는 어려움을 겪을 가능성이 있다.

물론 가능성만을 본다면 전 세계에서 중국만한 나라를 찾기가 쉽지 않다. 중국은 엄청난 인구를 바탕으로 거대한 단일 시장을 이루고 웬만한 선진국에 맞먹는 제조업 기술력까지 갖추었다. 미국의 빅테크 기업들을 본뜬 듯한 알리바바 등의 중국형 빅테크 기업들은 언젠가 중국 경제를 한 차원 높은 수준으로 끌어올릴지 모른다.

하지만 중국이 마지막 도약에 성공하기 위해서는 1978년의 개혁 개방 이후 40여 년간 단 한 번의 불황도 없이 달려온 탓에 오랜 기간 누적된 온갖 부실과 비효율성 그리고 부패를 청산해야 한다는 마지막 허들이 남아 있다. 이런 부조리를 해소하지 못한다면 중국은 세계 패권의 문턱에서 주저앉을지도 모른다.

다만 중국에 그나마 다행인 것은 코로나19 사태 이후 미국이 금리를 제로 수준으로 낮추고 무제한 양적완화를 하면서 풍부한 유동성이 세계 금융시장에 흘러넘치고 있다는 점이다. 중국이 이 기회를 활용해 좀비 기업을 청산하고 금융 부실을 정리한다면 중국 경제는 중진국 함정을 피해 선진국을 향한 도약을 시작할 것이다.

하지만 중국이 미국의 양적완화가 만든 버블에 취해 아무런 구조조정 없이 부양책만 남발한다면 양적완화의 효과가 지속되는 동안에는 자산 가격이 크게 치솟아 오르고 경기도 살아나는 듯한 착시 현상을 일으킬 것이다. 하지만 양적완화의 효과가 사라지면 그동안 누렸던 버블의 크기만큼 엄청난 대가를 치르게 될지 모른다.

8

코로나19 이후, 유로화의 재도전

 2020년 7월 22일은 유럽연합에 역사적인 날이었다. 유럽연합 27개 회원국 정상들이 7,500억 유로(약 1,050조 원) 규모의 '코로나19 경제회복기금'을 지원하기로 했던 것이다. 지원금의 규모보다 중요한 것은 유럽연합이 '통화 통합'에 이어 '재정 통합'으로 가는 큰 발걸음을 뗐다는 점이다.

 〈월스트리트저널〉은 유럽연합의 경제회복기금 합의가 이루어진 순간을 '해밀턴 모먼트Hamiltonian moment'라고 표현했다. 알렉산더 해밀턴Alexander Hamilton은 미국의 초대 재무장관으로 각 주가 발행하던 채권을 연방 국채로 통합해 재정적인 측면에서 미 연방정부의 결속을 강화한 인물이다.

〈월스트리트저널〉이 유럽연합의 합의를 '해밀턴 모먼트'라고 평가한 이유는, 기금 조성을 위해 종전처럼 각국이 따로따로 국채를 발행하는 대신 유럽연합 이름으로 국채를 발행하기로 합의했기 때문이다. 공동 국채를 발행한 것이 미국 각 주의 재정 통합에 역사적 계기가 됐던 것처럼, 유럽연합의 경제회복기금이 유럽의 재정 통합에 주춧돌이 되리라고 내다본 것이다.

유럽 공동 국채가 활성화되면 유럽연합 정부의 재정이 강화되어 역할이 커지는 것은 물론, 유럽 공동 국채를 거래하는 시장이 확대되어 양적완화 등의 각종 금융정책을 보다 원활하게 집행할 수 있게 된다. 더구나 이를 기반으로 유로화 표시 자산시장이 확대되어 달러 패권에 도전할 기반이 마련될 수도 있다. 한마디로 코로나19 사태를 계기로 탄생한 유럽연합의 경제회복기금과 유럽연합 공동 채권의 성패가 앞으로 유럽연합의 미래를 좌우할지도 모른다.

그동안 유럽연합은 통화만 통합됐을 뿐, 재정정책이 분리되어 있었기 때문에 위기 대응 능력이 떨어진다는 치명적인 약점이 있었다. 그래서 2008년 미국발 글로벌 금융 위기 당시에는 위기의 진원지였던 미국보다 더 큰 타격을 받았고, 2011년에는 유럽 재정 위기로 경제가 다시 추락하는 더블딥double dip에 빠지기도 했다.

유럽연합 공동의 재정정책이 없다 보니 항상 정책적 한계가 있었고, 그 결과 유럽은 일본형 장기 침체의 위협에 시달리고 있었다. 2020년 1월 전미경제학회AEA 연차 총회에서 마리오 드라기Mario Draghi 전 유럽중앙은행ECB 총재는 "유럽이 일본식 장기 불황으로 갈 수 있다"면서 이를 막기 위해서는 회원국들이 함께 강력한 재정정 책을 펴야 한다고 주장했다. 하지만 회원국들의 이해관계가 엇갈 리면서 전혀 공조가 되지 않았다.

사실 코로나19 사태 이전에도 유럽 경제는 이미 최악의 상황으로 치닫고 있었다. 2019년 유로존 경제성장률은 전년보다 0.7%p 하락한 1.2%에 그쳤다. 특히 이탈리아가 고작 0.2%의 성장에 그친데다, 유럽 경제의 성장 엔진이었던 독일마저 겨우 0.5%의 경제성장률을 기록해 유럽 경제에 대한 우려를 키웠다.[29]

유럽 경제를 위협하는 4대 요인을 꼽으면 심각한 고령화, 천문학적인 국가 부채, 국가 간의 격차 확대, 공조 실패 등을 들 수 있다. 그중 고령화가 가장 난제다. 일본이 고령화로 '잃어버린 20년'을 겪은 것처럼 뒤이어 고령화가 시작된 유럽도 이를 반전시킬 카드가 마땅치 않기 때문이다.

고령화가 가속화되면 일할 청년들이 줄어드는 반면 부양해야 할 노인들은 급증하게 된다. 이로 인해 조세와 사회보험 부담이 크게 늘어나게 되면 청년들이 실제 손에 쥐는 가처분소득이 줄어들면서 소비 증가 속도가 둔화되고, 이는 투자 감소로 이어지면서 경제 활력이 약화된다.

이런 성장 둔화를 막기 위해 지속적인 양적완화를 단행한 결과 부동산 등 자산 가격만 크게 올라, 자산을 보유한 기성 세대는 보다 풍족한 노후를 보내게 된 반면, 이제 사회생활을 시작하는 청년들은 아무리 열심히 아끼고 돈을 모아도 평생 내 집조차 마련하기 어려운 처지에 내몰렸다.

소득 증가 속도는 이전 세대보다 훨씬 떨어진 가운데 자산 가격은 폭등한 이중고 속에서 청년 세대가 결혼과 출산을 기피하면서 출산율이 더욱 하락하는 악순환이 시작되었다. 이렇게 유럽 등의 선진국이 일본처럼 고령화로 경제 활력을 잃고 장기 불황에 빠지는 현상을 '일본화Japanization 또는 Japanification'라고 부른다.

또 다른 문제는 한때 유럽 경제의 희망이었던 유로화가 유럽의 골칫덩이가 됐다는 점이다. 1999년 유로화를 도입할 때만 해도 유로화가 달러를 대체하는 새로운 기축통화가 되고 이를 통해 유럽이 세계경제의 중심으로 성장할 것이라는 장밋빛 전망이 적지 않았다. 특히 레스터 서로Lester C. Thurow MIT 경영대학원 교수는 유로화가 탄생하면 유럽이 새로운 경제 리더로 자리 잡을 것이라고 주장했다.[30]

하지만 이런 장밋빛 전망은, 적어도 지금까지는 헛된 꿈에 불과했다. 유로화의 탄생에 이론적 배경을 제공한 사람은 노벨 경제학상 수상자인 로버트 먼델Robert A. Mundell이었다. 그의 최적통화지역optimum currency area 모델[31]에 따르면 하나의 통화를 이용하는 지역은 경기변동에 대한 충격이 동일해야 한다. 그러나 유럽은 국가별로 격차가 컸기 때문에 최적통화지역의 필수 조건을 충족하지 못했다.

유로화 도입으로 가장 큰 이득을 얻은 나라는 독일이었다. 독일은 유로화라는 단일 통화가 도입되자 강력한 제조업 경쟁력을 바탕으로 유럽 역내 시장, 특히 남유럽 시장을 장악하며 막대한 이윤을 남겼다. 게다가 수출 경쟁력이 떨어지는 남유럽 국가들이 유로화 통화권으로 묶이면서 통화가치 절상 압력을 완화시켜준 덕분에 독일은 통화가치가 오를 것을 걱정하지 않고 마음껏 수출할 수 있었다.

실제로 독일은 유로화 도입 직전인 1998년만 해도 GDP 대비 경상수지current account balance가 −0.7%인 적자 국가였다.[32] 그런데 유로화 도입 이후 점차 경상수지가 흑자로 전환되면서 2015년에는 경상수지 흑자폭이 8.6%까지 늘어났다.

반대로 유로화 도입으로 가장 큰 타격을 받은 것은 남유럽 국가들이었다. 남유럽 국가들은 독일과는 달리 유로화 도입 이후 경상수지 적자폭이 크게 확대되었다. 스페인의 경우 1998년 경상수지 적자는 GDP 대비 −1.7%였지만, 유로화 도입 이후에는 적자폭이 급속히 커지다가 글로벌 금융 위기 직전인 2007년에는 −9.4%가 되었다.

왜 이렇게 남유럽 국가들의 경상수지 적자가 심각해진 것일까? 유로화 도입 이전에는 수출 경쟁력이 떨어지면 적자폭이 커지고 그 결과 자국의 통화가치가 절하되어 수출 경쟁력이 회복됐다. 하지만 남유럽 국가들이 독일과 같은 유로화 통화권에 묶이면서 통화가치 하락을 통한 경쟁력 회복이 불가능해졌다.

남유럽 국가들은 갑자기 늘어난 경상수지 적자를 해외 자본으로 메울 수밖에 없었다. 그렇게 외채foreign bond가 눈덩이처럼 불어난 상태에서 2008년 글로벌 금융 위기로 신용 경색이 시작되자, 해외 자본이 남유럽 금융시장에서 돈을 빼 나가며 채권을 투매하는 바람에 채권 가격이 폭락하고 남유럽 은행들이 무더기로 부도 위기에 내몰렸다.

이런 절체절명의 위기 상황에서 남유럽 국가들은 유럽중앙은행에 미 연준처럼 돈을 풀어달라고 요구했다. 사실 금융 위기나 신용 경색이 발생하면 미국처럼 중앙은행이 돈을 푸는 것이 가장 효과적이다. 하지만 독일의 반대로 이 방법이 무산되자 남유럽 정부는 국가 재정으로 위기에 빠진 은행을 구제하고 경기를 부양하느라 국가 부채가 급격히 늘어났다.

스페인의 GDP 대비 국가 부채 비율은 2007년 35.8%에서 2014년 100.7%로 3배나 늘었고, 같은 기간 포르투갈은 72.7%에서 132.9%로, 또 유로존 최악의 국가 부도 위기를 겪었던 그리스는 103.1%에서 178.9%로 급증했다.[33] 흔히 남유럽 국가들이 흥청망청 낭비를 일삼은 탓에 국가 부채가 급증했다고 생각하지만, 사실은 유로화와 유로존의 한계가 좀 더 근본적인 원인이었다.

결국 급증한 국가 부채 때문에 2011년 유럽발 재정 위기가 닥쳤고 남유럽 국가들뿐만 아니라 독일과 프랑스 등의 금융회사들도 큰 타격을 받았다. 이후 남유럽뿐만 아니라 유럽 전체가 불황의 늪에 빠지자 남유럽 국가들과 독일은 서로 상대방 탓을 하며 책임을 떠넘겼다.

갈등이 깊어지면서 유럽연합 회원국 간의 정책 공조가 무너지고 유럽 경제는 더욱 깊은 불황의 늪에 빠졌다. 오랜 불황은 유럽의 균열을 야기하면서 유럽연합 탈퇴를 공약으로 내건 정당이 유럽 각국에서 점차 세력을 키워갔다. 세계 보건의 비상사태인 코로나19 사태가 터졌는데도 각국이 공조하기는커녕 국경을 걸어 잠그고는 마스크 같은 주요 의료용품에 대해 쟁탈전까지 벌였다. 이 때문에 코로나19 사태가 유럽연합의 붕괴를 더욱 가속화할 것이라는 비관적인 전망이 커졌다.

하지만 유럽의 입장에서, 코로나19 사태는 글로벌 금융 위기와는 다른 점이 있다. 글로벌 금융 위기는 주로 남유럽을 강타하여 회원국 간의 격차를 벌렸지만, 코로나19 위기는 남유럽뿐만 아니라 독일에도 치명적인 타격을 입혔다. IMF에 따르면, 2020년 경제성장률은 독일이 −7.8%, 이탈리아와 스페인이 −12.8%에 불과할 것이라고 전망한다.[34]

유로존의 모든 나라가 코로나19 사태로 큰 타격을 받았기 때문에 제아무리 돈을 푸는 데 인색한 독일이라도 유럽연합 공동의 부양책을 만드는 일에 적극적으로 협조할 수밖에 없었다. 그 결과 유럽연합 회원국들은 2020년 7월 코로나19 사태에 대응하기 위한 유럽연합 경제회복기금을 만드는 역사적인 합의에 이르렀다.

사실 글로벌 금융 위기는 금융 측면에서 발생한 위기였기 때문에 양적완화 같은 통화정책으로 어느 정도 해소가 가능한 측면이 있었다. 하지만 코로나19 사태는 실물 측면의 위기이기 때문에 신속한 재정정책이 없으면 위기 극복이 어려운 상황이었다. 이런 측면에서 유럽연합의 경제회복기금은 유럽 경제의 회복을 앞당기는 소중한 마중물 역할을 하게 될 것이다.

가장 주목할 점은 이를 통해 유로화가 기축통화 지위에 조금이나마 다가갔다는 점이다. 이를 계기로 유로화가 달러의 대체 수단으로 자리 잡게 되면 미국 경제에 큰 악재가 될 수도 있다. 미국이 경제 패권을 유지시켜주는 가장 강력한 힘은 바로 기축통화인 달러에서 나오는데, 이를 유로화가 조금이나마 잠식해 들어갈 가능성이 생겼기 때문이다.

또한 유로화의 영향력이 커지면 미 연준의 양적완화가 제한받을 수도 있다. 지금은 달러의 경쟁 상대가 없기 때문에 아무리 달러를 찍어내도 달러화 가치가 흔들릴 가능성이 희박하지만, 앞으로 유로화의 위상이 높아져서 달러의 경쟁 상대로 부상한다면 달러를 마구 찍어내는 데는 부담이 따를 수도 있다.

이제 유럽연합이 경제회복기금을 출범시킨 만큼 앞으로 어떤 선택을 하느냐에 따라 세계경제의 주도권 향방이 달라질 것이다. 유럽연합이 끝없이 독주하는 미국에 밀려나 영원히 저성장의 늪에서 허우적거릴지 아니면 미국과 함께 경쟁하는 새로운 경제의 중심축이 될지는 앞으로 유럽연합 회원국들 간의 정책 공조 노력에 달려 있다.

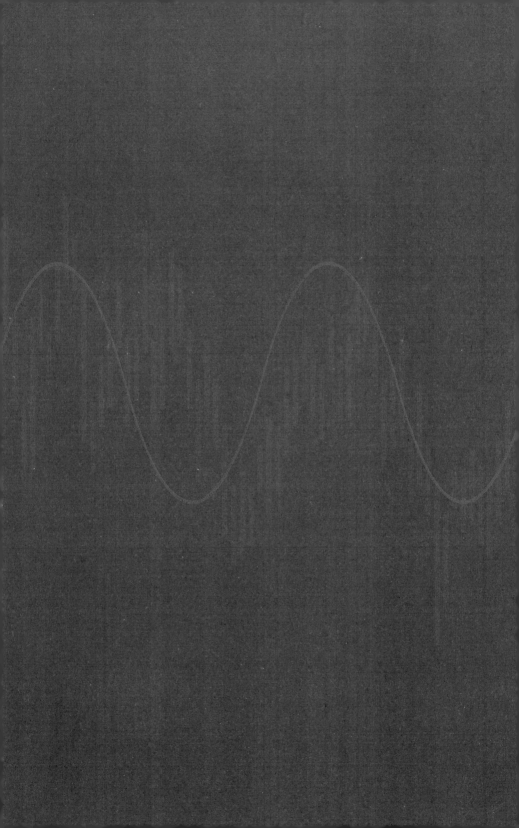

코로나 시대의 현명한 투자 전략

불확실한 미래, 어떻게 투자할 것인가

다이달로스는 손재주가 아주 뛰어난 기술자였다. 그는 미노스 왕의 명령으로 미궁을 지어, 황소 머리에 사람의 몸을 가진 미노타우로스를 가두게 했다. 그런데 영웅 테세우스가 실타래를 들고 미궁에 들어가서 미노타우로스를 처치하고 미궁을 빠져나가자, 화가 난 왕은 다이달로스와 그의 아들 이카로스를 미궁에 가두어버렸다.

　　다이달로스는 미궁을 탈출하기 위해 새의 깃털과 밀랍으로 두 쌍의 날개를 만들었다. 그리고 아들 이카로스에게 날개 한 쌍을 주고는 '날개가 녹지 않게 태양 가까이 날아오르지 말고, 날개가 젖지 않게 바다 가까이로도 내려가지 말라'고 단단히 경고했다. 그는 아들과 함께 하늘 높이 날아올라 미궁을 탈출했다.

　　새처럼 하늘을 나는 기쁨에 도취된 이카로스는 높이 날아오르고 싶다는 욕망에 사로잡혀서 아버지의 경고를 무시하고 결국 태양 가까이까지 솟아올랐다. 태양의 뜨거운 열기에 밀랍이 녹아내리고 날개가 산산이 부서지면서 이카로스는 땅으로 추락해 숨지고 말았다. 더 높이 날고 싶은 욕망을 다스리지 못해 결국 자신을 파국으로 내몬 것이다.

　　지금처럼 변동성이 큰 경제 상황에서는 무엇보다 '다이달로스의 지혜'가 필요하다. 현재 세계경제는 좀처럼 실물경제가 살아나지 않는 가운데 오직 미 연준의 양적완화라는 외줄 하나가 전 세계의 자산 가격을 지탱하고 있는 상황이다. 그 어느 때보다도 불확실성이 커서 외부의 작은 충격에도 자산 가격이 크게 요동칠 수 있다. 이럴 때는 절제되고 균형 잡힌 포트폴리오가 무엇보다 중요하다.

그렇다면 어떻게 균형 잡힌 포트폴리오를 구성할 수 있을까? 필자는 이미 전작에서 2019년이 미국 국채를 값싸게 살 수 있는 마지막 기회라는 것과, 퍼펙트 스톰perfect storm(크고 작은 악재들이 동시다발적으로 일어나는 절체절명의 초대형 경제 위기)에 대비해 금을 포트폴리오에 넣어둘 것을 강조했었다.[1] 그리고 미국 주식은 2019년 하반기 현재 고평가되어 있기 때문에 2020년 상반기 중에 주가 조정이 온다면 투자할 것을 권했다.

지금도 분산투자 원칙 자체는 큰 줄기에서 동일하다. 다만 코로나19 사태와 뒤이은 미 연준의 무제한 양적완화로 경제적 여건이 크게 바뀌었기 때문에 이를 종합적으로 고려해 포트폴리오를 구성해야 한다. 지금은 변동성과 불확실성이 그 어느 때보다도 크기 때문에 특정 자산 가격의 최근 상승률이 높다고 해서 뒤따라 덜컥 목돈을 투자했다가는 큰 낭패를 당할 수도 있다.

1

안전자산 투자,
늦으면 오히려 위험하다
: 국채와 달러

대표적인 안전자산 미국 국채,
지금 사도 되나

전작에서 투자를 권했던 자산 중에 대표적인 안전자산인 미국 국채부터 살펴보자. 불황이 시작되면 연준이 경기를 부양하기 위해 금리를 신속히 인하하기 때문에 국채 가격이 급등한다. 이 때문에 불황의 시그널이 나타나면 실제로 불황이 올 때까지 국채 비중을 서서히 늘려가는 것이 좋다.

불황 초기에는 가격 변동폭이 큰 장기국채 투자를 권한다. 그런 이유로 전작에서 권했던 상품은 미국의 대표적인 국채투자 상장

지수펀드ETF(거래소에 상장되어 주식처럼 거래가 가능한 펀드)인 iShares 20+ Yr Treasury(이하 TLT)였다. 이 상품은 미국의 대표적인 자산 운용사인 블랙록이 운영하는 국채상장지수펀드로 20년이 넘는 장기채 위주로 투자한다.

만일 필자의 전작이 출간된 2019년 7월에 TLT를 샀다면 주가가 폭락했던 2020년 4월에는 130달러에서 172달러로 32% 넘게 치솟아 올랐을 것이다. TLT는 매달 분배금(펀드나 ETF 등 수익 증권을 보유한 소유주에게 이익을 나누어주는 것으로, 주식의 배당에 해당한다)을 나눠주는 데다 환차익도 누릴 수 있었기 때문에 같은 기간 동안 수익률은 40%를 훌쩍 넘겼을 것이다. 미국이 기준금리를 제로 수준으로 내리면서 국채 가격이 단기간에 크게 올라간 덕분이다.

그렇다면 국채 가격이 오른 상황에서도 여전히 국채를 사도 괜찮은 걸까? 1980년 이후 30년 만기 국채 금리를 나타내는 [그림 23]을 보면, 지난 40년 동안 미국의 장기국채 가격이 지속적으로 우상향해온 것을 확인할 수 있다. 국채를 사두면 장기적으로는 무조건 가격이 상승하는 것일까? 지금까지 미국의 장기국채 가격이 줄곧 상승한 것은 미 연준이 지속적으로 금리를 인하했기 때문이다. 따라서 이미 기준금리가 제로인 상황에서는 이 같은 오름세가 지속될 것이라고 확신해서는 안 된다.

또한 2008년 글로벌 금융 위기, 2012년 유럽 재정 위기 등 각종 위기가 시작될 때마다 국채 가격이 급등했다가 위기가 진정되면

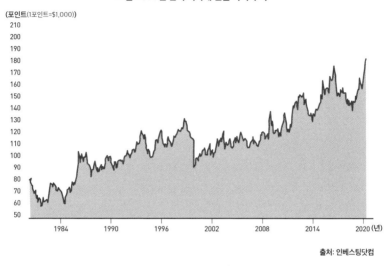

그림23. 30년 만기 미국채 선물 가격 추이

(포인트(1포인트=$1,000))

출처: 인베스팅닷컴

곧바로 급락해 위기 이전으로 돌아갔다는 점도 주의 깊게 봐야
한다. 물론 코로나19 사태의 여파가 조금이라도 진정될 기미가 보
이거나 인플레이션으로 전환되는 순간이 오면 국채 가격이 급락할
가능성도 열어봐야 한다.

더구나 지금처럼 국채 금리가 0%에 무한히 가까워진 상태에서
는 주식 투자에 대한 위험 회피risk hedge 차원에서 국채를 구매하는
것이 큰 의미가 없다. 경제 위기로 주가가 폭락하더라도 이미 제로
금리 상황에서는 국채 가격이 주가 하락폭을 상쇄할 만큼 크게 뛰
어오르기가 쉽지 않기 때문이다.

국민연금 같은 기관투자자들은 포트폴리오 차원에서 여전히 미

국 국채를 보유하겠지만, 일반 개인투자자는 2019년 이전에 국채를 구매한 것이 아니라면 군이 지금 미국 국채 투자를 확대할 필요가 없다. 미국 국채가 주식 투자의 위험 회피 수단으로 더 이상 효용이 없다는 점은 상당히 아쉽지만 말이다.

다만 3부에서 얘기한 인플레이션 가능성에 대비하려면 미국 국채 중에 물가에 연동하는 국채에 투자하는 것도 방법이다. 대부분의 채권은 물가가 오르든 말든 같은 금액을 주는, 이른바 명목채권이지만 미국에서는 투자원금에 물가 상승률을 반영하여 그에 대한 이자를 지급하는 물가연동국채TIPS를 발행하고 있다.

물가연동국채에 투자하려면 찰스 슈왑Chales Schwab이 운용하는 Schwab U.S. TIPS ETFSCHP를 추천한다. 최근 몇 년간 물가연동국채의 상승률은 앞서 소개한 장기국채보다 훨씬 저조한 편이었다. 하지만 코로나19 사태가 장기간 지속되어 인플레이션 전환이 우려된다면 물가연동국채는 좋은 투자 대안이 될 것이다.

달러 투자,
여전히 외화예금은 유효한가

우리의 자산은 대부분 원화 표시 자산이다. 글로벌 시각으로 보면 원화 자산에만 집중 투자한 것이나 다름없다. 진정한 분산투자

그림24. 달러에 대한 원화 환율의 변화(1990년 이후)

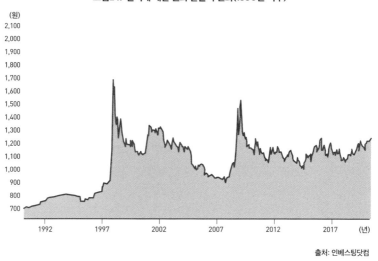

출처: 인베스팅닷컴

를 위해서는 적절히 외화에 분산해둘 필요가 있다. 일단 기축통화인 달러 표시 자산을 일정 부분 보유하고 보조 자산으로 유로화나 엔화 자산도 고려해보라.

[그림24]는 1990년 이후 30년 동안 달러에 대한 원화 환율의 변화를 보여준다. 이 그래프에서 확인할 수 있는 것은 일단 위기가 시작되면 일시적으로 환율이 치솟지만, 위기 이후에는 환율이 안정된다는 점이다. 2008년 금융 위기와 1998년 외환 위기 직후 달러 환율이 급등했지만, 그렇게 치솟은 환율이 유지된 기간은 2~3개월에 불과했다.

또 다른 특징은 위기가 반복될 때마다 원화 환율의 저점이 조금

4부 코로나 시대의 현명한 투자 전략: 불확실한 미래, 어떻게 투자할 것인가

씩 상승했다는 점이다. 달러에 대한 원화 환율은 1990년대 1달러에 700~800원대였다. 이후 외환 위기 직후 폭등했던 환율이 다시 안정세를 찾았지만 환율의 저점은 1달러에 900원대로 높아졌다. 그러다 2008년 글로벌 금융 위기 이후인 2010년대에는 환율의 저점이 1,000원 안팎으로 올라갔다.

달러에 대한 원화 환율이 점차 저점을 높여온 이유는 세계적인 달러 강세의 영향도 있지만, 더 큰 이유는 반도체를 제외한 대부분의 국내 산업이 점차 가격경쟁력을 잃어가면서 장기적으로 환율이 우상향하는 현상이 나타났기 때문이다. 만일 우리가 수출 경쟁력을 회복할 만큼 놀라운 혁신에 나서지 못한다면 장기적으로 이런 추세가 지속될 가능성을 염두에 두어야 한다.

이 때문에 일시적인 금융 위기는 물론 원화의 장기적 하락 추세에 대비하기 위해 달러를 포트폴리오에 넣어둘 필요가 있다. 다만 환율은 누구도 예측하기 어렵기 때문에 최저의 환전 시기를 잡는 것은 쉬운 일이 아니다. 그래서 굳이 환율이 급등했을 때 추격 매수를 하기보다 직전 3년의 평균 환율보다 낮아졌을 때를 노려서 시기를 분산해 달러로 환전해두는 것이 좋다.

외화 환전은 어디서 하느냐에 따라 환전 수수료에서 큰 차이가 난다. 이 때문에 환율이 낮은 은행이나 증권사를 찾거나 자신에게 고객 우대를 해주는 금융회사를 택하는 것이 좋다. 최근에는 금융회사 간에 환전 수수료 인하 경쟁이 치열해지면서 1달러 환전에 수수료가 1~3원을 넘지 않는 곳이 많다.

그렇다면 달러로 환전한 자금은 어떻게 관리하는 것이 좋을까? 은행의 달러 예금은 원금 손실을 걱정할 필요가 거의 없지만, 달러 예금이 원화 예금보다 금리가 높았던 2019년과 달리 코로나19 사태 이후에는 달러 예금이 원화 예금보다 금리가 낮기 때문에 외화 예금 외에 또 다른 대안을 고민해볼 필요가 있다.

만일 약간의 위험을 감수할 수 있다면 미국 채권 ETF인 iShares Core US Aggregate Bond ETF$_{AGG}$를 사는 것도 방법이다. 미국 국채와 회사채까지 아우르는 채권 ETF이기 때문에 채권 가격 등락에 따라 당연히 원금 손실의 위험은 있지만, 가격 변동성이 낮은 편이고 2020년 8월을 기준으로 연 2.41%의 분배금을 달마다 나눠 받을 수도 있다.

한편 달러의 보조 자산으로 유로화도 고려해볼 만하다. 유럽연합 공동 국채가 활성화되고 유럽 국채 채권시장이 커지면, 유로화가 달러의 좋은 대안이 될 수도 있다. 하지만 유로화는 달러보다 금리가 낮거나 아예 없기 때문에 기회비용이 큰 데다가, 유럽의 공조 체제가 무너지고 분열 양상이 다시 시작되면 오히려 가치가 떨어질 수 있다는 단점이 있다.

2
사상 최고가를 기록했던 금, 지금 사도 될까

금 투자, 달러 패권에 얽힌 오래된 역사

전작에서 필자는 퍼펙트 스톰에 대비해 금을 포트폴리오에 편입해두라고 강조했었다. 만일 2019년 7월 중에 KRX금시장에서 금을 샀다면 만 1년 뒤에 35~38% 정도의 수익을 올렸을 것이다. 그렇다면 지금도 금을 사거나 계속 보유하는 것이 유효한 투자 전략일까?

최근에는 금에 대한 관심이 많아졌지만 불과 2~3년 전만 해도 필자가 각종 방송이나 유튜브 등에 출연해서 위험에 대비해 금을 사두어야 한다고 얘기하면 댓글 반응이 좋지 않았다. 당시만 해도 금 투자를 비정상적이고 독특한 투자로 보는 시각이 많았기 때문이다.

금을 특이하고 기이한 투자 대상으로 여겼던 것은 사실 달러 패권을 노린 미국 정부의 치밀한 계획이 낳은 결과물이었다. 달러 패권이 시작되기 전에 인류가 오랫동안 신뢰해왔던 '진짜 돈'은 사실 금과 은 같은 귀금속이었다. 특히 경제 위기 상황에서는 종이돈보다 진짜 돈을 찾는 수요가 더욱 커졌다.

심지어 1929년 세계대공황 직후에는 달러를 못 믿겠다며 금으로 바꿔달라는 요구가 빗발치기도 했다. 대공황의 위기 속에서 달러에 대한 신뢰와 함께 금융정책까지 흔들리자 루스벨트 대통령은 1933년 4월 5일 민간의 금 보유를 전면 금지하는 '대통령령 6102호Presidential Executive Order 6102'를 발표했다. 청천벽력 같은 조치였다.

금 보유는 물론 공식적인 거래까지 전면 금지되면서 25일 안에 민간이 갖고 있는 시가 100달러 이상의 금화나 금괴 또는 금보관증서는 반드시 미 연준에 1트로이온스troy ounce(금이나 은 같은 귀금속의 중량 단위로 미터법으로는 31.1034768그램이다)당 20달러 67센트라는 고정된 값으로 팔아야 했다. 만일 이를 어기면 벌금 1만 달러(현재 우리 돈으로 최소 2억 원)나 10년 이하의 징역형에 처했다.

이후 금 보유 금지령이 폐지된 1974년까지 40여 년 동안 미국에서는 공식적인 금 거래가 완전히 중단되고 금은 암시장으로 숨어들었다. 이 기간을 거치면서 금은 미국인들의 투자 대상에서 서서히 잊혀져 갔다.

하지만 이는 어디까지나 미국의 국내 상황일 뿐이고, 전 세계적으로는 20세기 중반까지 금이 여전히 중요한 가치 저장 수단이자 가치의 척도로 여겨졌다. 특히 1944년에는 달러만 금태환이 가능한 기축통화로 삼고 다른 나라의 통화는 모두 달러와의 환율을 고정시키는 브레튼우즈 체제Bretton Woods System가 출범했다. 사실상 세계 모든 나라가 달러를 매개로 금본위제를 실시한 것이다.

1950년대 이후 유럽과 일본이 미국을 추격하면서 미국의 무역수지 적자가 늘어나기 시작했다. 1965년 이후에는 미국의 베트남전 참전으로 정부지출이 폭증하면서 무역적자 폭이 눈덩이처럼 불어났다. 미국 정부가 적자를 메우기 위해 달러를 마구 찍어내면서 과연 미국이 약속대로 달러를 금으로 바꾸어줄 수 있을지에 대한 의구심이 커졌다.

결국 프랑스 드골 대통령의 금태환 요구를 시작으로 세계 각국에서 금태환 요구가 봇물 터지듯이 나왔다. 달러가 제아무리 기축통화의 지위를 꿰찼다고 해도, 종이돈인 달러보다는 금을 진짜 돈이라고 믿었던 것이다. 하지만 1971년 닉슨 대통령이 달러를 금으로 바꾸어주는 금태환 정지를 선언하면서 금본위제는 막을 내리게 되었다.

이때부터 세계 금융시장에서 금과 달러의 본격적인 경쟁이 시작

그림25. 국제 금 가격의 변화 추이

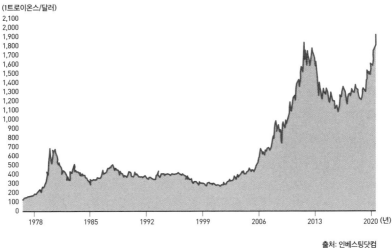

(1트로이온스/달러)

출처: 인베스팅닷컴

되었다. 처음에는 금이 승기를 잡는 듯했다. 미국은 금값을 떨어뜨리기 위해 1974년까지 공매도도 불사했다. 지난 40여 년간의 금값 변화를 나타낸 [그림25]를 보면 미국 정부의 노력을 비웃기라도 하듯 금값이 치솟은 것이 확인된다. 금값은 1971년 1트로이온스당 35달러에서 1980년에는 850달러로 무려 24배나 뛰어올랐다.

폴 볼커가 연준 의장으로 취임한 1979년 미국 경제는 스태그플레이션의 늪에 빠진 것은 물론, 자칫하면 달러가 금에 밀려나 기축통화의 지위를 잃게 될, 급박한 상황이었다. 그런데 폴 볼커가 기준금리를 연 20%대까지 올린 덕분에 물가가 잡힌 것은 물론 금값도 1981년을 기점으로 폭락하면서 기축통화로서 달러의 위상을 지킬 수 있었다.

어떻게 금리 인상으로 금값을 잡을 수 있었을까? 금은 이자가 없기 때문에 기회비용이 들어가지만, 물가 상승률이 금리보다 높다면 금을 보유할 유인이 생긴다. 그런데 폴 볼커가 금리를 물가보다 훨씬 빠른 속도로 끌어올리는 바람에 금의 매력이 사라지면서 금값이 꺾인 것이다. 결국 폴 볼커는 인플레이션 파이터인 동시에 달러의 수호자였던 셈이다.

게다가 미국의 운이 좋았는지 1980년대 중반 혁명적인 기술 혁신이 일어나면서 금 채굴량이 크게 늘어났다. 1980년만 해도 전 세계의 금 채굴량은 1년에 1,200톤 정도에 불과했지만 1990년대에는 2,000톤을 넘어섰고, 2000년에는 2,600톤까지 늘어났다. 금 채굴량 증가로 1980년 850달러까지 올랐던 금값이 장기적인 하락세를 보이며, 2001년 258달러까지 떨어졌다.

이렇게 20년 넘게 하락하던 금값을 다시 자극한 것은 2000년 닷컴 버블 붕괴에 따른 미 연준의 대대적인 기준금리 인하였다. 여기에 2008년 시작된 글로벌 금융 위기로 제로금리에 양적완화까지 단행되자 2011년 금값은 1,920달러로 뛰었다. 10년 만에 7배 이상 치솟은 것이다.

이미 유가에서도 확인한 것처럼 원자재는 가격이 치솟으면 자원 탐사가 가속화되면서 몇 년 뒤 공급 물량이 크게 늘어나게 된다. 2011년 금값 상승으로 금광 개발 러시가 일어나면서 2014년 금 생산이 2,860톤까지 늘어난 데다 경기회복으로 금리가 인상될 것이라는 기대까지 커지면서 2015년에는 금값이 1,046달러까지 급락했다.

하지만 코로나19 사태로 제로금리와 대대적인 양적완화가 다시 단행되자 2020년 8월 금값은 전고점을 돌파해 2,000달러를 넘어섰다. 그렇다면 앞으로 금값은 어떻게 될까? 사실 금은 수요 측면에서 가치 저장 수단, 장신구, 전자 제품 등 다양한 사용처가 있고, 공급 측면에서는 전통적인 금광은 물론 '도시 광산urban mining'(전기, 전자, 자동차 등 각종 생활계, 산업계 폐기물에서 산업 원료가 되는 금속 광물을 뽑아내어 재공급하는 것)에서도 공급이 이루어진다.

이처럼 수요와 공급 모두 다양한 원인에 의해 영향을 받기 때문에 금값을 100% 예측한다는 것은 불가능하다. 다만 금과 관련된 과거의 역사, 그리고 수요·공급 측면에서의 장기적인 트렌드까지 잘 짚어본다면 금값의 향방에 대해 조금이나마 힌트를 얻을 수 있다.

금값 예측,
수요만큼 공급도 주시하라

먼저 금의 공급 측면을 살펴보자. 1900년 이후 2001년까지 모두 네 차례에 걸친 금광 채굴 기술의 거대한 혁신을 통해 금 생산량은 비약적으로 증가해왔다.[2] 덕분에 지난 5,000년 동안 인류가 채굴·보유한 19만 톤의 금 가운데 절반가량은 1950년 이후 생산된 것이다.

하지만 2001년을 마지막으로 더 이상 채굴량이 급격히 늘어나는 새로운 혁신은 나타나지 않았다. 2010년대에는 금값 폭등으로 채산성이 맞지 않던 금까지 캐기 시작하면서 일시적으로 채굴량이 늘어났지만, 이마저도 한계에 다다르면서 금 생산량은 다시 정체되었다.

게다가 2010년대 초반 금값 폭등으로 새로운 금광을 찾으려는 탐색 비용이 급증했음에도 2014년 이후에는 충분한 매장량을 가진 새로운 금광이 좀처럼 발견되지 않고 있다.[3] 앞으로 새로운 금광 개발에 성공한다고 해도 투자와 탐색과 채굴까지 최소 3~4년이 걸리기 때문에 금값이 올라도 금 채굴량이 갑자기 늘어날 가능성은 크지 않다.

현재 전체 금 생산량의 4분의 3은 금광에서, 나머지 4분의 1은 도시 광산에서 공급되고 있다. 그런데 도시 광산은 폐기물의 양에 따라 생산량이 제한될 수밖에 없기 때문에 2010년대 이후에는 공급량이 크게 늘어나지 않고 있다. 이처럼 공급 측면만 보면 금값이 올라도 공급량이 크게 늘어날 가능성은 높지 않다.

금의 수요 측면에서도 금값을 견인할 요소가 적지 않다. 우선 2020년 코로나19 사태 이후 연준이 기준금리를 제로 수준으로 낮추면서 금 보유에 따른 기회비용이 거의 사라졌다. 어차피 달러화 표시 채권을 사거나 예금을 들어도 금리가 0%에 가까운 상황에서는 차라리 안전자산인 금을 보유하려는 사람들이 늘고 있다.

또한 미 연준이 양적완화로 달러를 마구 찍어내면서 달러화에 대한 불신이 싹트고 있는 것도 금에 대한 수요를 크게 자극하고 있다. 유로화나 엔화 등이 아직 달러의 대안이 되지 못하고 있는 상황에서 달러화 가치마저 흔들리면 이제 남은 대안은 금밖에 없다는 시각이 늘어나고 있는 것이다.

글로벌 금융 위기 이후 전 세계 중앙은행이 금 보유를 급격히 확대해가고 있는 점도 금 수요를 자극하는 요인이다. 전 세계 중앙은행의 금 보유량은 2000년 3만 톤 수준에서 2008년 2만 7,000톤으로 줄었다가 2018년에는 다시 3만 톤으로 늘어났다.[4] 각국 중앙은행들은 미·중, 미·유럽 갈등이 커지면서 혹시 모를 파국에 대비하기 위해 금 보유량을 더욱 늘리고 있다.

특히 금 보유가 가장 유리해지는 순간은 바로 인플레이션이 나타나는 경우다. 만일 지금의 디플레이션 위기가 인플레이션으로 전환되면 금값 상승 속도가 더욱 가팔라질 가능성이 있다. 1970년대 물가가 급등하면서 금값도 24배나 치솟아 올랐던 것처럼 말이다. 그렇게 하늘 높은 줄 모르고 치솟던 금값이 하락 반전된 것은 폴 볼커 당시 연준 의장이 물가 상승을 잠재울 만큼 금리를 대폭 올린 뒤였다.

수요와 공급 측면만 보면, 아직은 금값이 하락할 요인보다 상승할 요인이 다소 큰 편이다. 또 글로벌 경제와 정세가 계속 불안한 상황에서는 투자 목적보다 혹시 모를 퍼펙트 스톰에 대비하기 위해 금을 포트폴리오에 담아둘 필요가 있다.

단, 금값 상승을 맹신하는 것은 위험하다. 특히 2020년 상반기 금값이 폭등하자 뒤늦게 금 투자를 코로나 시대의 모든 문제에 대비해주는 전가傳家의 보도寶刀처럼 과장하며 투자를 권유하는 이들이 많았다. 하지만 금은 안전자산이라는 이름에 걸맞지 않게 가격 변동이 심한 데다가 주식과 달리 값이 오른 기간보다는 내린 기간이 길고 주식 투자 못지않게 많은 위험이 따른다.

극심한 신용 경색이 일어나면 금을 팔아서라도 현금을 마련하려고 하기 때문에 금값이 일시적으로 하락할 수 있다. 실제로 2008년 글로벌 금융 위기나 2020년 코로나19 사태 초반에 신용 경색이 일어나자 현금을 마련하기 위해 금을 팔아치우는 사례가 늘었고 금값이 일시적으로 급락했다.

또 다른 리스크는 바로 기축통화인 달러의 지위를 지키려는 미국이다. 만일 금값이 치솟아 달러의 안정성을 위협하면 미국 정부는 금값 하락을 이끌기 위해 일종의 작전에 나설 가능성이 있다. 실제로 1970년대 초반 미국 정부가 금의 공매도를 주도한 것은 물론, 1999년에는 영국중앙은행과 함께 금값 하락을 유도한 적도 있었다.

또한 백신이나 치료제 개발 등으로 코로나19 사태가 종식되고 경기회복이 의외로 빨라지면 연준의 양적·질적완화 규모가 예상보다 축소되고 시장 금리가 상승하면서 금값 상승을 제약하거나 심지어 끌어내릴 수 있다. 미·중 무역 갈등이 완화되는 등 국제 정세의 안정도 금값 하락의 요인이 될 수 있다.

더구나 금값이 계속 오르면 장신구 수요가 급감하면서 금값 상승에 제동이 걸릴 수 있다. 2019년 4분기만 해도 장신구로 사용된 금이 530톤으로, 전체 금 수요의 47%를 차지했다. 그런데 금값이 폭등한 2020년 2분기에는 252톤으로 급감해 전체 금 수요의 25%밖에 되지 않았다(전체 금 소비량은 2019년 2분기에 1,137톤에서 2020년 2분기에 1,016톤으로 11% 급감했다). 만일 금값이 계속 오른다면 금 장신구 수요는 더욱 크게 위축될 것이다.[5]

금은 얼마든지 재활용이 가능하기 때문에 현재 장신구로 쓰이던 금이 자산시장에 나올 수도 있다. 현재 인류가 보유한 19만 톤의 금 중 절반에 가까운 9만 톤이 장신구로 쓰이고 있는데, 그중 일부만 자산시장으로 흘러 나와도 금값 상승을 제약하는 큰 요인이 될 수 있다.

마지막으로 연준이 인플레이션을 잡기 위해 폴 볼커 시절처럼 금리를 대폭 인상하는 경우를 생각해볼 수 있다. 폴 볼커 시절에 금리를 20%대로 올리자마자 금값이 폭락했던 점을 고려하면 물가 상승률보다 높은 금리는 금값의 천적天敵인 셈이다. 하지만 이는 물가가 폭등해야 나올 수 있는 정책이기 때문에 지금부터 걱정할 필요는 없다.

이처럼 금값이 오를수록 금값 상승을 제약하는 다양한 요인들이 작동되기 때문에 금은 주식처럼 장기 보유가 능사는 아니다. 특히 1980년대 초반이나 2010년대 초반처럼 금융시장에 지각변동이 일어나면 금값은 폭등하지만 이후 금리가 오르거나 위기 요인이 사라지면 한순간에 급락할 수도 있기 때문에 금값이 급등한 상황에서는 굳이 추격 매수에 나서기보다 오히려 경제 여건의 변화를 관찰해가며 적절히 이익을 실현해나갈 필요가 있다.

3

미국 증시 독주,
2020년대에도 계속될까

지난 100년,
최고 수익 투자처는 단연 주식

최근 100년 동안 미국에서 주식, 국채, 회사채, 부동산, 금을 통틀어 가장 높은 수익률을 냈던 자산은 바로 주식이었다. 미국 뉴욕대학의 스턴비즈니스스쿨NYU Stern School of Business[6]이 배당금을 모두 재투자하는 가상의 S&P 500지수 인덱스펀드와 10년 만기 미국 국채, 그리고 회사채에 1928년 1월 1일 각각 100달러(약 12만 원)를 투자했다고 가정하고 91년이 지난 2019년 말에 얼마가 됐을지 추정해보았다.

먼저 1928년 1월 1일에 미국 주식에 투자를 시작했다면 정말 신나는 한 해를 보냈을 것이다. 대공황 직전의 주가 버블 덕분에 S&P 500 주가지수가 1년 만에 44%나 올랐기 때문이다. 하지만 그 기쁨은 잠시뿐, 1929년 대공황이 시작되면서 4년 연속 주가가 폭락해 상승폭은 모두 사라지고 원금 100달러는 51달러로 쪼그라들었다. 12년이 지난 1941년에도 배당금을 모두 합쳐봐야 고작 94달러에 불과해 원금조차 회복하지 못했다.

하지만 이런 충격적인 주가 폭락에도 12년 동안 버티며 S&P 500 인덱스펀드를 팔지 않으면 1942년부터는 원금을 회복하고 지속적인 주가상승률을 누리게 된다(대공황 당시 수많은 기업이 파산했기 때문에 특정 기업 주식에 올인한 경우라면 해당되지 않는 이야기다). 물론 1970년대 스태그플레이션과 2000년대 닷컴 버블 붕괴 등을 지나며 뼈아픈 주가 하락을 견뎌냈다면 1928년에 투자했던 100달러는 2019년 연말 50만 2,417달러(약 6억 1,500만 원)가 됐을 것이다.

같은 기간 10년 만기 미국 국채에 투자한 100달러는 80배인 8,013달러(약 960만 원)가 되었고 미국 회사채에 투자한 100달러는 486배인 4만 8,669달러(약 5,800만 원)가 되었다. 이처럼 장기적인 안목에서 보면 미국 주식의 수익률이 국채나 회사채에 비해 월등한 것으로 나타났다.

부동산과 비교해도 마찬가지다. 1940년 2,938달러였던 미국 주택의 중위값median home value은 2017년에는 19만 9,200달러(약 2억

4,000만 원)가 됐다. 77년 동안 68배로 뛰어오른 것이다.[7] 만일 뉴욕대가 만든 가상의 S&P 500지수 인덱스펀드에 같은 기간 투자했다면 무려 3,723배가 뛰었을 것이다.

물론 공정한 비교는 아니다. 가상의 S&P 500지수펀드에는 배당금이 포함되어 있는 반면 집값에는 임대 수입이 포함되어 있지 않기 때문이다. 하지만 1940년부터 2017년까지 77년 동안 올린 임대 수입을 더한다고 해도 68배 상승한 집값이 3,723배나 상승한 주가를 따라잡는 것은 불가능하다. 더구나 미국은 집값의 1~3%를 해마다 보유세로 내야 하기 때문에 세금까지 감안하면 이 격차는 더욱 커질 것이다.

지금까지 미국의 증시는 다른 나라의 증시와 비교해도 경이적인 성과를 기록했다. 글로벌 금융 위기가 한창이었던 2009년 1월 첫 개장일에 각국의 주가지수 ETF를 샀다고 가정하면 2020년 5월 6일 범유럽지수인 유로 STOXX50은 1.1배, 상하이 종합지수는 1.6배, 코스피는 1.7배, 일본 니케이는 2.2배, 미국 S&P지수는 3.2배가 되었다. 특히 기술주 중심의 미국 나스닥 종합지수는 같은 기간 5.6배로 뛰어올라 다른 어떤 지수와도 비교가 되지 않는다.

미국 주가 상승을 견인한
여섯 가지 동력

그렇다면 왜 미국 증시는 이처럼 강했던 것일까? 근본 원인은 양호한 경제성장률, 빅테크 기업들의 눈부신 성장, 주주 이익 극대화 성향, 40년간 지속된 금리 인하 등이라고 할 수 있다. 여기에 트럼프 대통령의 취임 초기에 이루어진 법인세의 대폭적 인하와 코로나19 사태 이후의 천문학적인 양적완화가 미국 증시의 상승세를 이끌어왔다.

먼저 미국의 경제성장률을 살펴보자. 지금까지 미국의 경제성장률은 선진국 중에서 월등하게 높은 편이었다. 실제로 1980년 이후 2018년까지 38년 동안 유럽의 GDP는 5배 늘어났고 미국의 GDP는 7배 늘어났다.[8] 미국의 1인당 GDP가 좀 더 빨리 늘어난 것도 한몫했지만, 미국의 빠른 인구 증가 속도가 경제 규모를 키우는 데 큰 역할을 했다.

하지만 선진국 가운데 마지막 남은 성장 동력이었던 미국의 경제성장률조차 2000년을 기점으로 하락하고 있다. 앞서 살펴보았듯이 1970년부터 2000년까지 미국의 경제성장률은 연평균 3%대였지만, 2000년 이후 20년 동안은 2% 안팎으로 떨어졌다. 게다가 빈부격차 확대와 전통 산업의 부진 그리고 최근의 코로나19 사태로 조만간 성장률 회복을 기대하기는 어려운 상황이다.

미국 주가 상승의 또 다른 원동력인 빅테크 기업들의 장기적 전망은 여전히 밝지만, 전통 산업을 밀어내고 가파른 성장을 해왔던 것에 대한 반작용이 일어날 가능성도 고려해야 한다. 지금처럼 전통 산업이 빅테크 기업에 밀려나 퇴출당하고 더불어 전통 산업이 창출해온 수많은 일자리까지 사라지면, 미국 정부가 전통 산업을 보호하기 위한 법과 제도를 강화할 가능성이 높다.

코로나19 사태가 계속되는 동안에는 규제를 강화하기가 조심스럽겠지만, 최악의 상황이 끝나가면 빅테크 기업에 대한 견제의 목소리가 커질 것이다. 특히 과거에도 종종 거론됐던 빅테크 독점 기업의 해체나 영업 제한 등의 각종 규제가 생기면 제아무리 빅테크 기업이라도 한동안 성장에 제약을 받을 것이다.

미국 주가 상승의 또 다른 원인은 바로 미국 특유의 주주 이익 극대화 정책이다. 미국의 경영진은 당장 눈앞의 주가를 끌어올리지 못하면 자칫 쫓겨날 수도 있기 때문에 돈을 벌면 가장 먼저 자사주를 매입해 소각하는 것을 최우선 과제로 삼는 경우가 많다. 자사주를 소각해서 전체 주식 수를 줄이면 주가를 끌어올릴 수 있기 때문이다.

예를 들어 애플은 2013년부터 7년 연속 주식을 사들여 2019년 주식 수는 2012년보다 무려 32.5%나 줄어들었다. 주식 수가 줄어들면 전체 순이익이 그대로라고 해도 주당순이익은 크게 늘어나게 된다. 실제로 애플은 자사주 매입만으로 주당순이익이 48.2%나 늘어나는 효과를 누리면서 주가 상승을 이끄는 원동력이 되어왔다.

그래도 빅테크 기업들은 순이익이 계속 증가해왔기 때문에 자신들이 벌어들인 여유 자금으로 주식을 소각해왔다. 문제는 그렇지 못한 기업들마저 자사주 소각을 우선시해왔다는 점이다. 자사주 매입은 당장의 주가를 끌어올리는 데는 효과적이지만 미국 기업들의 재무구조를 크게 악화시켜놓았다.

돈만 벌면 경쟁적으로 자사주 매입에 나서다 보니 설비투자에는 쓸 돈이 없어 대부분 차입에 의존하는 황당한 일이 벌어졌다. 그 결과 미국 기업들의 부채가 전례 없는 속도로 빠르게 불어나 2019년 말 미국의 기업(비금융) 부채는 6조 6,000억 달러(약 7,800조 원)로 글로벌 금융 위기가 한창이었던 2009년 말보다 78%나 급증했다.

그렇다면 2010년대 유행처럼 번졌던 자사주 매입이 2020년대에도 계속될 수 있을까? 여유 자금으로 주식을 소각해왔던 빅테크 기업은 몰라도 코로나19 사태 이후 온갖 구제금융을 받아 챙긴 기업들은 국민 혈세로 주주들만 배불린다는 비판 때문에 과거처럼 마음 놓고 주식 소각을 하기는 쉽지 않을 것이다.

한편 가장 강력한 주가 상승의 원동력은 지난 40년 동안 이어진 금리 인하 사이클이었다. 1980년 폴 볼커 전 연준 의장이 연 20%가 넘는 수준으로 기준금리를 올린 덕에 앨런 그린스펀 이후 지금까지 연준 의장들은 경제 위기가 올 때마다 금리를 내림으로써 경기회복은 물론 주가 상승까지 앞당길 수 있었다.

하지만 2008년에 이어 2020년 코로나19 사태까지 이미 제로금리를 두 번이나 경험한 상황에서 앞으로는 금리 인하 사이클이 증시를 부양할 것이라고 기대하기는 어려워졌다. 물론 마이너스 금리 카드가 남아 있지만 미국은 경제구조상 이에 따른 부작용도 만만치 않기 때문에 사실상 금리 인하를 통한 증시 부양 여력은 거의 소진되었다고 보아야 한다.

또 하나 중요한 주가 상승 원인은 바로 트럼프 대통령 임기 초반에 시행된 대규모 법인세 감세정책이다. 미국 기업들의 법인세가 대폭 내려가면서 이윤이 크게 늘어난 덕분에 그렇지 않아도 활황이었던 미국 증시에 날개를 달아준 셈이 되었다. 하지만 코로나19 사태로 정부지출이 워낙 크게 늘어난 탓에 코로나19 사태가 잠잠해지면 증세 논의가 시작될 가능성이 있다.

마지막 가장 중요한 원인은 바로 2020년 3월에 시작된 무제한 양적완화다. 앞서 살펴본 미국 주가 상승의 원동력이 상당 부분 소진되거나 약화된 상황에서 무제한 양적완화는 미국 주가를 떠받치는 가장 강력한 기둥이 되고 있다. 아직 양적완화의 실탄이 충분하다는 점은 다행이지만, 양적완화를 제약하는 수많은 요인이 있기 때문에 그 성공을 100% 확신하기는 어렵다.

이처럼 미국 주식시장은 다양한 원인을 바탕으로 높은 주가 상승률을 유지해왔다. 하지만 앞으로는 상승 동력이 예전보다 약화되면서 미국 증시도 많은 도전을 받을 것이다. 그래도 상승 동력이 완전히 사라진 것이 아니라 단지 약화된 것일 뿐이고, 여전히 다른 나라에 비해 상대적으로 강력하기 때문에 미국 증시에 대한 투자는 여전히 유효한 투자 전략이다.

다만 시기적으로는 코로나19 사태로 실물 기반이 완전히 무너진 상태에서 미국 증시가 오직 연준의 양적완화라는 외줄에 매달려 끌어올려진 만큼, 앞으로 미세한 바람에도 큰 변동성을 보일 가능성이 있다. 이 때문에 미국 시장에 투자하려는 투자자들은 시기를 신중하게 선택할 필요가 있다.

4
미국 주식 언제,
어떻게 투자할 것인가

예측 불가능한 복잡계,
안전판을 마련하라

2020년 3월 주가 폭락기에 투자를 시작하지 못했다고 해도 상반기에만 시작했어도 큰 고민은 없을 것이다. 하지만 2020년 말에 주식 투자를 시작하거나 비중을 늘려나가는 것은 괜찮을까? 2021년은 그 어느 때보다도 변동성이 높을 것으로 예상되기 때문에 주식 투자자들에게는 큰 위험과 기회가 교차하는 시기가 될 것이다.

최근에는 주식시장의 미래를 모두 알고 있다는 듯이 단정적으로 말하는 사람들이 많다. 하지만 주식시장은 수많은 요소가 상호작용을 주고받으며 발산하는 복잡계complex system(자연계를 구성하고 있는 수많은 요소가 비선형 상호작용에 의해 창발적인 집단 성질을 만들어내는 집합체)이기 때문에 완벽한 예측은 애초에 불가능하다. 정부나 기업 등 경제주체의 선택이 조금만 달라져도 서로 격렬한 피드백을 주고받으며 완전히 새로운 방향으로 변화해나가기 때문이다.

이처럼 불확실성이 큰 상황에서는 주식 투자와 함께 주가 하락의 안전판 역할을 하는 미국 국채에 투자하는 것이 가장 좋은 투자 전략이었다. 하지만 10년 물 미국 국채 금리가 연 0.7%도 안 되는 상황에서는 주가가 하락해도 예전만큼 괜찮은 안전판 역할을 기대하기가 어렵다.

더구나 미국 국채 대신 안전자산으로 선택받기 시작한 금은 주가와 반대 방향으로 움직이기보다 유동성을 타고 같은 방향으로 움직이기 때문에 주가 하락의 안전판이라고 보기 어렵다. 리츠REITs, 원자재 등 다른 대체 투자처도 주가와 같은 방향으로 움직일 때가 많다.

마지막으로 생각해볼 수 있는 안전자산은 물가연동형 국채다. 이 상품은 인플레이션 상황에서는 큰 도움이 될 수도 있다. 하지만 디플레이션 상황에서 주가가 하락할 때는 일반 국채보다 안전판 역할이 미약하다.

결국 주가 하락의 안전판 역할을 해줄 만한 자산이 없는 것이나 마찬가지여서 투자 시기를 분산하는 것이 그나마 우리가 택할 수 있는 최선의 위험 회피 방법이다. 이를 위해 세계경제의 미래 시나리오를 검토해보고, 투자 시기를 어떻게 분산할지 고민해보는 것이 좋다. 앞으로 가능한 시나리오는 크게 세 가지다.

> **시나리오 1.** 코로나19 사태로 붕괴된 실물경제가 완전히 회복될 때까지 미 연준의 양적완화가 금융시장을 지켜내서 버블 붕괴나 경제 위기 없이 경기회복 단계로 진입하는 최상의 시나리오.
>
> **시나리오 2.** 미 연준이 양적·질적완화로 달러를 찍어내고 구제금융을 퍼부어도 불황을 막지 못하고 물가도 하락하는 디플레이션 시나리오.
>
> **시나리오 3.** 실물경제가 여전히 회복되지 못한 상황에서 디플레이션이 급작스럽게 인플레이션으로 반전되는 스태그플레이션 시나리오.

첫 번째 시나리오부터 살펴보자. 양적완화가 자산 가격을 올리는 데만 그치지 않고 실물 회복까지 이끌어낸다면 증시는 2020년 3월에 바닥을 찍고 대세 상승장 초입에 진입했다고 볼 수 있다. 만일 최상의 시나리오대로 미국 경제가 회복된다면 주식을 언제 사더라도 문제가 없는 것일까?

여기서 한 가지 주의할 점은 대세 상승장이 시작됐다고 해서 이

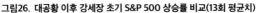

그림26. 대공황 이후 강세장 초기 S&P 500 상승률 비교(13회 평균치)

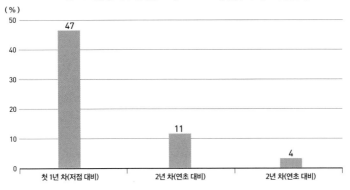

출처: Markets Never Forget & S&P

후에는 무조건 상승만 하는 것은 아니라는 것이다. 이와 관련해 월가 최고의 투자 전략가이자 억만장자 투자자인 케네스 피셔Kenneth Fisher는 세계대공황 이후 역대 열세 번에 걸친 대세 상승장에서 흥미로운 특징을 찾아냈다.[9]

[그림26]은 열세 번에 걸친 주가 폭락 이후 시작된 강세장에서 주가 상승 1년 차와 2년 차 그리고 3년 차의 S&P 500지수의 평균 상승률을 나타낸 그래프다. 대세 상승장이 시작되면 언제나 상승장 첫해의 주가 상승폭이 가장 커서 평균 47%나 오른 것으로 나타났다. 하지만 강세장 2년 차에는 11%, 3년 차에는 고작 4%로 주가 상승률이 급감했다. 특히 3년 차에는 열세 번의 강세장 중에 무려 다섯 번이나 마이너스 주가 상승률을 기록했다.

글로벌 금융 위기 직후 2009년부터 시작된 가장 최근의 강세장에서도 비슷한 패턴이 나타났다. S&P 500지수는 2009년 3월 9일 저점을 찍고 상승을 시작해, 저점 대비 첫해 주가 상승률은 무려 69%나 됐다. 하지만 2010년 2년 차 상승률은 15%에 불과했고, 2011년 3년 차 상승률은 0%였다.

물론 과거의 패턴이 똑같이 반복되라는 법은 없지만, 적어도 왜 이런 패턴이 생겼는지는 고민해볼 필요가 있다. 주가는 최악의 상황 속에서 언젠가 경기가 회복될 것이라는 희망을 품고 먼저 치솟아 오른다. 그러다 2~3년 뒤에 실물 경기회복이 본격화되면 투자자들이 이익을 실현하기 때문에 주가가 정체된다.

주가가 정체되는 또 다른 이유는 실물경제가 회복된 뒤에 시작되는 부양책 축소에서 찾을 수 있다. 주가가 폭락하면 미 연준은 금리를 낮추거나 양적완화를 하는 등 온갖 방법으로 증시 부양에 나서지만, 실물경제가 살아나기 시작하면 시중에 풀린 돈을 거두어들이는 등 부양책을 축소하게 된다. 그러면 부양책으로 과도하게 부풀어 올랐던 증시가 뒤늦게 조정을 받는다.

이 때문에 2020년 주가 반등이 강세장 초입이고 과거의 패턴이 반복된다고 가정하면 2021~2022년의 주가 상승률은 2020년보다는 낮을 가능성이 크다. 따라서 강세장에서는 자신만 소외됐다는 생각에 FOMO_{Fear Of Missing Out}(좋은 기회를 놓쳤다는 초조함으로 고통받는 현상)에 빠져서 무리하게 빚을 지고 투자에 뛰어들기보다는 2~3년 정도 여유를 가지고 분할 매수를 하는 것이 좋다.

2020년 주가 반등이 새로운 강세장의 시작일 경우 실물경제가 회복될 때 오히려 주가는 조정을 받을 가능성이 크다. 더구나 코로나19 사태로 인한 부양책의 규모가 크면 클수록 실물 경기회복 이후 금융 당국이 부양책을 축소하는 시기에 더욱 거센 조정이 올 수도 있기 때문에 이를 매수 기회로 삼을 수 있다. 다만 패턴이 매번 자로 잰 듯이 똑같이 반복되는 것은 아니기 때문에 이를 정형화해서 판단의 절대적 기준으로 삼아서는 안 된다.

두 번째 시나리오, 즉 아무리 부양책을 내도 불황이 해소되지 않고 디플레이션이 계속되는 경우에는 주가의 향방을 판단하기가 가장 어렵다. 일단 실물경제에서 불황의 골이 깊어지면 깊어질수록 미 연준은 양적완화를 더욱 확대해서라도 자산시장을 지키려 할 것이다.

그런데 여태껏 양적완화는 자산시장을 끌어올리는 직효약처럼 작용해왔다는 점을 고려하면 양적완화로 뿌려진 돈을 타고 자산 가격만 오르는 현상이 일어날 수 있다. 그 결과 주가와 실물경제의 괴리가 우리 예상보다 훨씬 커지면서 결국 작은 충격만으로도 급격한 변화가 야기되는 임계상태에 한없이 가까워질 것이다.

자산 가격만 끌어올리는 양적완화는 자칫 심각한 버블 붕괴를 가져올 위험을 동반한 정책이지만, '내 임기만 아니면 된다'는 관료들의 님티 현상 때문에 버블이 터지기 직전의 위태로운 순간까지 부양책은 계속될 것이다. 그 결과 당장의 자산 가격 상승률은 첫 번째 시나리오보다 월등히 높을 가능성도 있다.

연준이 양적완화로 자산 가격을 떠받치기 시작한 이후 가장 이례적인 현상은 주식, 국채, 부동산, 금, 원자재 등 예전에는 서로 반대 방향으로 움직였거나 상관관계가 낮았던 자산들이 일제히 동반 상승하고 있다는 점이다. 다시 말하면 여러 자산 중에 돈의 가치만 떨어진 셈이다. 따라서 버블의 연장전이 오래 지속될 경우에는 현금만 보유한 사람이 부를 잃을 것이다.

하지만 실물경제가 받쳐주지 않는 자산 가격 상승은 임계상태까지 한없이 부풀어 올랐다가 작은 충격만으로도 무너지게 된다. 다만 누구도 버블이 어디까지 부풀어 오를지, 또 언제 붕괴될지 그 시기를 정확히 알 수 없기 때문에, 빚을 지고 과도한 위험자산 투자에 나서거나 버블 붕괴만을 기다리며 한없이 가치가 떨어지고 있는 현금 보유만 고집하는 것도 현명한 대응이라고 보기 어렵다.

세 번째 시나리오는 불황 속에서 물가가 크게 오르는 스태그플레이션에 빠지는 경우다. 아무리 양적완화를 해도 도저히 실물경제가 살아나지 않는다면, 연준이 끝없이 돈을 푸는 동안 보이지 않는 곳에서 인플레이션 압력이 쌓이게 된다. 그러다 언젠가 위기 요인이 끝나 사람들이 쌓아놓았던 돈을 쓰기 시작하면 한순간에 인플레이션이 찾아오게 된다.

극심한 디플레이션은 언제든 인플레이션으로 전환될 수 있는 동전의 한 면과도 같다. 만일 경기가 미처 회복되지 않은 상태에서

쌓여 있던 인플레이션 압력이 분출되면 불황과 인플레이션이 동시에 찾아오는 스태그플레이션의 악몽이 시작된다. 그러면 연준은 물가를 잡기 위해 금리를 올려 경기를 희생할지, 아니면 경기회복을 위해 돈을 더 풀어 인플레이션을 허용할지를 선택해야 하는 심각한 딜레마에 빠지게 된다.

그런데 미국이 스태그플레이션 상황에 빠진다면 연준은 폴 볼커 전 연준 의장처럼 물가와 싸우는 쪽을 택할 가능성이 좀 더 크다. 경기를 살리겠다고 돈을 좀 더 풀었다가 인플레이션이 가속화되어 자칫 하이퍼인플레이션으로 발전하면 달러화 가치가 흔들리게 되고 기축통화로서의 달러의 지위마저 위협받을 수 있기 때문이다.

이때 주가는 어떻게 될까? 누구도 주가를 완벽하게 예상할 수는 없지만, 스태그플레이션이 찾아왔던 1960~1970년대의 사례를 통해 유추해볼 수 있겠다. 1960년대 물가가 오르기 시작하자 인플레이션을 회피하는 수단으로 주식 투자가 인기를 끌면서 주가도 함께 올랐다. 하지만 연준이 물가를 잡기 위해 금리를 큰 폭으로 인상하자 미국 증시는 10년 가까운 장기 불황에 빠졌다.

세 가지 시나리오 중에 첫 번째보다는 두 번째나 세 번째가 좀 더 가능성이 높아 보인다. 하지만 특정 시나리오를 확신하기보다는 어떤 시나리오로 흘러가더라도 손실 가능성을 최소화하고 이익을 극대화할 방안을 찾아보는 것이 더욱 우월한 투자 전략이다.

물론 2020년 상반기에 투자를 시작했다면 크게 고민할 필요가 없다. 하지만 이 책이 출간된 2020년 말 이후 투자를 고려하고 있다면 철저한 투자 전략을 세워야 한다. 이때 가장 경계해야 할 것은 남들이 돈을 벌었다는 얘기를 듣고 자신만 소외될 것이 두려워서 급하게 목돈을 투자하는 것이다.

버블의 위험과 수익을 모두 잡는 포스트 코로나 투자 전략

그렇다면 어떤 투자 전략을 세울 수 있을까? 첫 번째 전략은 버블이 계속되는 기간에는 기다리다가 조정이 왔을 때 투자를 시작하는 전략이다. 앞서 살펴본 어떤 시나리오로 진행되더라도 조정은 불가피하기 때문에 조정기에 투자를 시작하는 것이다. 손실을 최소화할 수 있기 때문에 손실에 민감한 투자성향을 지닌 사람에게 유용한 전략이다.

그런데 기다린다고 조정이 반드시 올까? [그림27]은 대공황 이후 역대 하락장에서 S&P 500지수의 하락 기간과 하락폭을 나타낸 표다. 이를 보면 대공황부터 코로나19 사태 직전까지 90여 년 동안 스물네 번의 약세장이 찾아왔다는 것을 알 수 있다. 평균 4년에 한 번꼴로 하락장이 반복되며 평균 1년 동안 33% 하락한 것을 확인할 수 있다.[10]

그림27. 대공황 이후 역대 하락장에서 S&P 500지수의 하락 기간

최고치(년월일)	시작일(년월일)	하락폭(%)	하락기간(일)
1929.09.07.	1932.06.01.	-86.2	998
1932.09.07.	1933.02.27.	-40.6	173
1933.07.18.	1933.10.21.	-29.8	95
1934.02.06.	1935.03.14.	-31.8	401
1937.03.06.	1938.03.31.	-54.5	390
1938.11.09.	1939.04.08.	-26.2	150
1939.10.25.	1940.06.10.	-31.9	229
1940.11.09.	1942.04.28.	-34.5	535
1946.05.29.	1946.10.09.	-26.6	133
1948.06.15.	1949.06.13.	-20.6	363
1957.07.15.	1957.10.22.	-20.7	99
1961.12.12.	1962.06.26.	-28.0	196
1966.02.09.	1966.10.07.	-22.2	240
1968.11.29.	1970.05.26.	-36.1	543
1973.01.11.	1974.10.03.	-48.2	630
1976.09.21.	1978.03.06.	-19.4	531
1980.11.28.	1982.08.12.	-27.1	622
1987.08.25.	1987.12.04.	-33.5	101
1990.07.16.	1990.10.11.	-19.9	87
1998.07.17.	1998.08.31.	-19.3	45
2000.03.24.	2002.10.09.	-49.1	929
2007.10.09.	2009.03.09.	-56.8	517
2011.04.29.	2011.10.03.	-19.4	157
2018.09.20.	2018.12.24.	-19.8	95

출처: *A Wealth of Common Sense*

물론 기다렸던 하락장이 찾아왔다고 해서 투자가 쉬운 것은 결코 아니다. 우선 저점을 찾는 것은 제아무리 고수라도 쉬운 일이 아니다. 과거에 저점을 찾았다고 해서 다음 위기 때도 저점을 찾으리라는 보장도 없다. 게다가 역대 스물네 번의 하락장에서 지수 하

락폭이 최대 86.2%에서 최저 19.3%로 편차가 매우 컸기 때문에 저점을 잡기는 더욱 어렵다.

따라서 저점 매수를 고집하기보다 하락장이 시작됐을 때 시점을 분할해 매수하는 전략이 더 낫다. 지금까지 역대 하락 기간은 최단 45일에서 최장 3년 정도이고 평균은 1년이기 때문에 20% 이상 주가가 떨어지는 하락장이 포착되면 상황에 따라 1~3개월 정도에 걸쳐 분할 매수하는 것이 손실을 최소화하면서 비교적 안전하게 수익을 추구하는 방법이다.

하지만 하락장까지 기다리는 보수적인 투자 방식을 택하면 자칫 코로나19 사태 이후 각국 중앙은행이 전대미문의 천문학적인 경기 부양책으로 만들어놓은 거대한 버블을 놓칠 우려가 있다. 게다가 무제한 양적완화 이후 돈을 제외한 거의 모든 자산 가격이 오르고 있는 상황에서 하염없이 하락장을 기다려야 한다는 것도 문제다.

두 번째 전략은 다소 위험을 감수하고 투자를 시작하되, 음의 상관관계를 갖는 자산, 즉 가급적 가격이 반대로 움직여서 위험을 분산시켜주는 자산으로 포트폴리오를 구성하는 것이다. 오랫동안 이어진 투자의 정석이긴 하지만, 코로나19 사태 이후에는 사실 분산할 마땅한 자산이 없다는 것이 문제다.

2018년 이후 코로나19 사태 이전까지는 포트폴리오를 구성할 때 미국 주식과 미국 국채 그리고 금 등의 원자재에 4대 4대 2의 비율로 투자할 것을 권해왔다. 자산 가격 상승은 충분히 누리면서 주가가 급락할 경우 미국 국채와 금 가격 상승으로 이를 상쇄할 수 있었기 때문이다. 실제로 이처럼 포트폴리오를 구성했다면 2020년 3월 주가 폭락기에도 주가 하락을 상당 부분 상쇄할 수 있었을 것이다.

하지만 코로나19 사태 이후에는 국채 금리가 워낙 낮아져 국채 가격이 오를 대로 오른 상태여서 주가 폭락에 대비해 국채를 포트폴리오에 포함시켜둔다고 해도 주가 하락을 국채 값의 상승으로 상쇄할 수 있을 것이라는 기대를 품기 어려워졌다.

금도 마찬가지다. 코로나19 사태 이전에도 금값이 유동성에 영향을 받기는 했지만, 그래도 금 투자에는 글로벌 경제의 다양한 불안 요인을 방어하는 효과가 있었다. 하지만 이제 금값이 주가 못지않게 폭등한 상황에서 연준이 퍼부은 유동성에 따라 금값이 주가보다 더 크게 출렁이고 있기 때문에 포트폴리오에 금을 넣으면 주가의 변동성을 방어하기는커녕 오히려 더욱 키울 가능성도 있다.

연준의 양적완화로 모든 자산 가격이 폭등하는 바람에 아무리 자산을 분산해도 안정적 포트폴리오를 짜기가 어려워졌다. 이 때문에 잘 짜인 분산투자라 하더라도 예전만큼의 안정성을 기대하기는 어렵다. 이 시점에 투자를 시작한다면 아무리 분산투자를 하더라도 빚까지 내가며 투자 규모를 과도하게 키우는 것은 위험한 선택이 될 수 있다.

또한 양적·질적완화에 구제금융 프로그램 등의 온갖 부양책으로 버블이 계속 부풀어 오르다가도 어느 한순간 사소한 충격으로 터질 우려가 있기 때문에 지금 마지막 버블의 향연을 즐기려면 그 어느 때보다도 시장의 상황을 예의 주시할 필요가 있다.

특히 버블에 취해 빚을 지고 투자를 시작했다가 자칫 하락장에서 빠져나갈 시기를 놓치면 오랫동안 일구어왔던 부를 한순간에 잃어버릴 수도 있다. 지금 이 시기에는 제아무리 자산 가격이 치솟더라도 빚까지 져서 투자하는 것은 위험하다.

세 번째 전략은 투자 시기를 분산하는 것이다. 미국 증시는 다른 어떤 나라의 증시와도 차별화될 정도로 대공황 이후 지난 90년 동안 놀라운 상승률을 보여왔다. 배당금을 재투자하는 가상의 S&P 500 지수펀드에 투자했다고 가정하면 대공황 전날에 투자를 시작했더라도 13년 안에는 원금을 회복했을 것이다. 그리고 예외적인 대공황기를 제외하면 대체로 3~4년 안에 원금을 회복했을 것이다.

앞서 살펴본 세 가지 시나리오 중에 어떤 방식으로 경제 상황이 진행되더라도 매월 또는 매분기 투자 목표를 정하고 10년 이상 장기적으로 투자 시기를 분산하면 앞으로 닥쳐올 웬만한 위기는 걱정하지 않아도 된다. 특히 경제지표를 따져가며 시황을 분석하지 않아도 되기 때문에 자신의 생업에 충실하면서도 효과적으로 투자할 수 있다.

대신 분산투자는 버블이 길어질수록 이를 충분히 즐길 수 없다는 단점이 있다. 이를 보완하려면 두 번째 전략과 하이브리드로 전략을 구성해도 된다. 즉 10년 이상 묻어두어도 될 정도의 비중으로 초기 투자를 시작한 뒤에 10년 이상 시기를 분산하여 투자하는 것이다.

또한 매월 또는 매분기마다 적립 방식으로 일정 금액을 투자하는 것은 주가 폭락 시의 저가 매수에 취약하다는 단점이 있기 때문에 첫 번째 전략과 하이브리드로 평소에는 투자 시기를 분산해서 투자하다가 주가가 20% 가까이 폭락해서 주가 조정 신호가 발생하면 목돈을 투자하는 방식도 고려해볼 수 있다.

일단 미국에 대해 이렇게 투자를 시작했다면 적어도 20~30년 보유를 목표로 하는 장기 투자 전략을 추천한다. 미국 증시는 과거 오랫동안 지속적으로 상승한 데다 세계경제 질서 자체가 바뀌지 않는다면 앞으로도 다른 국가에 비해 상대적으로 높은 주가 상승률을 보일 가능성이 크기 때문이다.

그런데 미국에 장기 투자를 한다면 어떤 종목에 투자해야 할까? 미국에는 다른 기업은 물론 다른 나라도 넘볼 수 없는 자신만의 기술이나 시장, 특허, 브랜드 같은 '경제적 해자垓字, moat'를 보유한 기업이 많다. 경제적 해자란 적의 침입을 막기 위해 성을 둘러싼 못처럼 경쟁사가 쉽게 넘볼 수 없는 강력한 경쟁 우위를 뜻하므로, 이런 기업 중에서 투자 대상을 찾는 것도 좋은 전략이다.

차세대 시장을 이끌 기업을 직접 고를 혜안이나 정보가 있다면 소수의 개별 종목을 선별해서 집중투자해도 좋겠지만, 여러 종목에 분산투자를 하고 싶다면 주가지수를 추종하는 인덱스펀드나 ETF가 좋은 대안이 될 수 있다. 더구나 인덱스펀드가 개별 주식보다 훨씬 더 높은 수익률을 내는 경우가 적지 않다.

대표적인 사례가 바로 전설적인 투자자인 워런 버핏Warren Buffett과 미국의 투자 전문 회사 프로티지파트너스Protege Partners의 설립자인 테드 사이즈Ted Seides의 대결이다. 2007년 워런 버핏은 헤지펀드가 비싼 운용 수수료를 받고 있다고 비판하고는 S&P 500 인덱스펀드보다 높은 수익률을 올리는 펀드가 있다면 32만 달러를 주겠다고 공언했다.

테드 사이즈가 자신이 고른 헤지펀드로 S&P 500 인덱스펀드보다 높은 수익률을 낼 수 있다면서 버핏에게 도전장을 냈다. 그렇게 내기가 성사되었다. 내기의 규칙은 간단했다. 워런 버핏은 S&P 500 인덱스펀드에, 테드 사이즈는 자신이 고른 다섯 개의 헤지펀드에 투자한 다음 10년 뒤에 수익률을 비교해 승자와 패자를 가리는 방식이었다.

승리를 점치기 어려울 것이라는 초반의 예상과는 달리, 결과는 버핏의 일방적인 승리로 끝났다. 2008년부터 2016년까지 9년 동안 버핏이 선택한 인덱스펀드의 누적 수익률은 85.4%를 기록한 반면, 테드 사이즈가 선택한 다섯 개 헤지펀드의 평균 수익률은 고작 22.0%에 불과했기 때문이다.[11]

그림28. 미국 ETF 운용 자산 규모 순위

표기	펀드명	운용자산 규모	평균 거래량(3개월)
SPY	SPDR S&P 500 ETF	299,732,741.70	85,214,078
IVV	iShares Core S&P 500 ETF	212,891,151.24	4,509,194
VOO	Vanguard S&P 500 ETF	159,698,061.94	4,032,566
VTI	Vanguard Total Stock Market ETF	158,800,386.57	3,760,697
QQQ	Invesco QQQ	129,554,562.97	41,518,270

출처: etfdp.com

유능한 펀드 매니저들이 운용하는 헤지펀드조차 인덱스펀드를 넘어서지 못하는데, 개인투자자가 고른 종목이 인덱스펀드 수익률을 넘어설 가능성은 더욱 희박할 수밖에 없다. 이 때문에 자신이 선택한 종목에 대한 정확한 이해나 비전을 갖고 있지 않은 상황이라면 인덱스펀드, 특히 주식시장에 상장되어 거래가 용이한 인덱스 ETF가 좋은 투자처가 될 수 있다.

그렇다면 어떤 ETF가 좋을까? [그림28]은 2020년 현재 미국 ETF의 자산 규모 순위를 나타낸 표다. 그런데 운용 자산 1위 SPY, 2위 IVV, 3위 VOO가 모두 S&P 500지수를 추종하는 ETF다. 4위 VTI는 미국 모든 상장기업의 가중 평균을 추종하는 ETF이고, 5위 QQQ는 기술주 중심의 나스닥 시장에 상장된 100개 대표 종목을 추종하는 ETF다.

미국의 ETF는 정말 셀 수 없을 만큼 많지만, 대표적으로 S&P 500을 추종하는 세 개 ETF 중에 하나와 나스닥100을 추종하는 QQQ를 추천한다. 그중 하나에 투자해도 되고, 전체 미국 주식 투자 비중의 50%를 IVV에, 나머지 50%를 QQQ에 투자하는 것도 좋은 방법이다.

그동안의 실적을 보면 대형 기술주 중심의 ETF인 QQQ가 S&P 500을 추종하는 ETF보다 월등한 성적을 거두었다. 최근 10년 동안 미국의 주가 상승은 애플이나 마이크로소프트 등 빅테크 기업이 주도했는데, 기술주 중심의 QQQ는 이들 빅테크 기업의 비중이 큰 반면 S&P 500지수를 추종하는 ETF는 빅테크 기업의 비중이 상대적으로 작기 때문이다.

다만 QQQ는 2020년 7월 현재 분배금이 연간 0.6%대로, S&P 500지수를 기반으로 하는 ETF들보다 적은 편이다. 게다가 다양한 종목의 500대 기업 지수인 S&P 500지수에 비해 QQQ는 기술주 중심의 100개 기업에 집중되어 있기 때문에 변동성도 크다는 단점이 있다.

미국 주식시장은 ETF 천국이라고 할 만큼 다양한 상품이 상장되어 있고 ETF마다 특성이 다르기 때문에 자신의 투자성향에 맞는 ETF를 찾아보는 것도 좋다. 다만 거래량이 너무 적은 ETF는 사고파는 것이 원활하지 않기 때문에 자산 규모가 너무 작은 상품은 피하는 것이 좋다.

5

박스권 돌파를 노리는 한국 증시, 주도주를 포착하라

우리는 왜
미국 시장과 다른가

우리나라는 미국과 상황이 다르기 때문에 주가지수 인덱스 ETF에 20~30년씩 묻어두는 투자 방식이 큰 효과를 거두지 못할 가능성이 크다. 한국 시장에서는 주도주 중심의 중·단기 투자가 더 효율적일 수 있다. 그렇다면 왜 우리는 미국 주식시장과 상황이 다른 것일까?

우선 한국의 경우 지난 10년간 주가지수가 거대한 박스권에 갇힌 채 좀처럼 그곳을 벗어나지 못하고 있다는 점에서 미국과 큰 차이가 있다. 코스피는 2011년에 처음으로 2,200선을 돌파한 이후 10년 가까이 지난 2020년에도 2,000대에 머물러 있다. 또 코스닥은 닷컴 버블의 절정이었던 2000년에 3,000선에 육박했지만 지금은 그 3분의 1 수준에 불과하다.

과거 한국 증시의 주가 흐름은 미국의 주가 상승률과는 비교가 되지 않을 정도로 부진했던 것이 사실이다. 미국의 기술주를 대표하는 나스닥 지수는 2011년 말 이후 불과 9년 만에 무려 5배 가까이 상승했다. 또 같은 기간 S&P 500지수는 3배 가까이 상승했기 때문에 인덱스 ETF로 안정적인 수익을 누릴 수 있었을 것이다.

그 이유는 첫째, 우리나라의 주력 산업은 거의 대부분 수출 산업이어서 탄탄한 내수시장을 기반으로 성장하는 미국의 기업들과는 비교할 수 없을 만큼 대외의 경기변동 요인에 취약하다. 그 결과 세계 경기가 회복될 때는 그만큼 빠른 주가 상승률을 보이지만 반대로 위기가 발생하면 가장 큰 타격을 받아왔다.

둘째, 수출 기업 대부분이 경기변동에 따라 제품의 가격 변화가 매우 큰 산업에 속해 있다. 현재 주력 산업인 반도체는 물론 과거 주력 산업이었던 철강, 정유, 화학, 조선 등이 모두 극심한 가격 사이클을 겪어왔다. 이 때문에 이들 산업의 흥망성쇠에 따라 주가도 장기 상승보다는 사이클을 겪으며 등락을 거듭해왔다.

셋째, 우리의 주력 산업은 세계시장에서 가격 경쟁을 해야 하는 분야가 대부분이다. 우리 기업들은 중국 등 새로운 도전자들과 종종 치킨게임까지 벌이며 가격 경쟁을 해야 했다. 브랜드나 플랫폼 등 넘볼 수 없는 경제적 해자로 시장을 장악하고 사실상 자신들이 가격을 설정하는 미국 기업들과는 다른 상황이다.

넷째, 우리 경제의 미래를 선도할 반도체나 배터리 등 차세대 혁신 기업들은 대부분 IT 혁명 가치 사슬의 상층부가 아닌 하층부를 담당하고 있다. 그런데 정보통신 산업의 부가가치는 상층부를 차지하고 있는 인공지능이나 플랫폼 기업들의 몫이 크기 때문에 장기로 갈수록 상층부 기업들과 기업 규모나 이윤 측면에서 차이가 벌어질 수밖에 없다.

다섯째, 우리나라는 2020년대에 인구구조가 급격히 악화될 것이다. 일본과 유럽의 사례를 보면, 대체로 15~64세 인구, 즉 생산연령인구 비중이 급감하는 순간 증시가 큰 타격을 받았다. 지금 당장은 기성세대의 정년을 연장하는 등 다양한 방법으로 고령화의 파고를 늦추고 있지만, 패러다임을 바꿀 정도의 혁신이 없다면 조만간 일본과 유럽이 갔던 길을 따라갈 가능성이 크다.

2020년에는 이런 문제가 일시적으로 완화되면서 주가가 상승세를 보였다. 2019년만 해도 미·중 무역 갈등이 관세 전쟁으로 비화되면서 우리 경제도 큰 타격을 받았지만, 2020년에는 미국이 중국을 국제 분업 체계에서 배제하는 쪽으로 방향을 틀면서 오히려 우리 기업들이 수혜 기업으로 떠오르고 있다.

예를 들어, 대표적인 차세대 산업으로 떠오른 2차 전지 산업의 경우 중국 정부의 전폭적인 지원을 받고 있는 중국 기업들의 경쟁력을 무시하기 어렵다. 하지만 미국 정부가 언제든 중국 배터리 기업을 제재 대상에 올릴 수 있다는 우려가 커지면서 글로벌 자동차 업체들이 배터리 공급 라인을 한국 기업으로 선회하거나 한국 기업을 중국 기업과 복수 선택하며 증시에 큰 호재가 되었다.

하지만 정말 중국을 글로벌 공급망에서 배제할 정도로 미·중 무역 전쟁이 악화되면 우리 경제가 큰 타격을 받고 주식시장에도 오히려 악재가 될 가능성이 있다. 반대로 미·중 무역 전쟁이 완화되면 중국이 글로벌 공급망에 남게 되고, 한국 기업은 다시 중국과 힘겨운 가격 경쟁에 나설 수밖에 없다. 따라서 미·중 관계가 너무 악화되지도 않고 너무 완화되지도 않는 2020년과 같은 골디락스가 유지될 경우에만 지속적인 주가 상승을 기대할 수 있다.

생산연령인구가 감소하면 대개 증시의 수요 기반이 무너지면서 증시 하락 요인이 될 수밖에 없다. 그런데 2020년 3월 이후 개인투자자들의 증시 참여가 봇물 터지듯이 늘어나면서 증시를 끌어올리는 강력한 원동력이 되었다. 하지만 장기적으로는 인구구조 악화가 이미 예정된 수순인 만큼 증시에 참여할 만한 사람들이 모두 참여하는 특정 시점이 되면 나중에는 주가가 오히려 더욱 하락할 수도 있다.

이처럼 2020년 우리 증시를 부양했던 요인들이 앞으로 10년 이상 장기적으로 우리 증시를 끌어올릴 동력으로 자리 잡기를 기대하기는 어렵다. 우리 경제가 체질 자체를 바꾸는 대대적인 혁신에 성공하지 못한다면 우리 주식시장에서는 장기 투자보다는 주도주 중심의 중·단기 투자가 유리하다고 할 수 있다.

주도주를 장기 보유했다가 그 주도주 열풍이 끝나고 주가가 하락한 경우가 한두 번이 아니었다. 그중 '차화정'(자동차, 화학, 정유)으로 대표되는 2008~2012년의 증시 상황에서 현대차 주가의 움직임을 예로 들어보자.

2008년 글로벌 금융 위기로 증시가 폭락하자 현대차 주가가 3만 7,000원까지 떨어졌다. 그런데 글로벌 금융 위기 이후 경기가 회복되려는 순간 렉서스의 가속 페달 결함 문제가 발생해 일본 차의 매출이 급감하는 등 현대차에 온갖 호재가 동시에 일어났다. 덕분에 글로벌 경기회복과 함께 현대차의 수출이 대폭 늘어났다.

그 결과 2012년 4월 현대차 주가가 27만 원으로 뛰어오르면서 금융 위기 당시 저점 대비 7배나 치솟았다. 하지만 2012년 하반기 이후 차화정의 몰락이 시작되면서 현대차 주가는 2020년 3분기에 의미 있는 반등을 하기까지 무려 8년 동안 차화정 열풍 당시의 고점 대비 4분의 1토막이 날 정도로 지속적인 하락세를 보였다.

주도주 열풍과
몰락의 시그널

주도주가 시장을 이끌 때면 그 기업들의 독주가 영원히 지속될 것 같은 착각에 빠지기 쉽다. 하지만 주도주가 한번 시장의 버림을 받으면 정말 처참하리만큼 무너져 내린다. 이 때문에 주도주 상승 막바지에 뒤늦게 뛰어들었다가 주가가 급락하여 비자발적인 장기 투자의 늪에 빠지지 않도록 주의할 필요가 있다.

대체로 주도주 열풍은 2~3년 정도 지속되는 경우가 많지만 경제 환경이 급변하는 시기에는 3~6개월 만에 끝나기도 한다. 그렇다면 주도주의 몰락을 미리 알 방법은 없을까? 거시경제의 경우 필자의 전작에서 소개한 일곱 가지 시그널처럼 미리 위험을 알려주는 신호가 있지만 안타깝게도 개별 주식의 몰락을 알려주는 명확한 시그널은 아직 알려지지 않았다.

다만 모든 언론사가 특정 테마를 연일 보도하고 투자를 권유하면 그때부터 경계심을 가질 필요가 있다. 특히 최근에는 유튜브가 중요한 지표가 되기도 한다. 즉 모든 경제 유튜브 채널이 특정 테마를 거론하고 투자를 권유하면 대체로 버블의 절정에 가까워진 것이다.

이런 현상에 대해 특정 '세력'의 음모로 해석하는 사람들도 많다. 하지만 자산 가격의 자기 강화적 특성을 강조하는 복잡계 경제학의 시각에서 보면 이는 버블의 정점에서 나타나는 당연한 현상이다. 주가가 오르면 관심이 쏠리고 더 많은 사람이 매수에 나서면서 주가는 자기 강화적 특성을 보이며 더욱 치솟아 오른다.

하지만 모든 유튜브 채널이 일제히 그 테마에 대해 얘기할 정도로 관심이 커지게 되면 이는 역으로 그 주식을 살 만한 사람은 모두 샀다는 뜻이다. 그 주도주를 사겠다는 신규 매수자가 더 이상 나타나지 않는 상황인 것이다. 그럴 때는 아주 작은 충격, 이를테면 외국계 금융회사의 부정적 전망을 담은 보고서 한 장에도 주가가 폭락하게 된다.

일단 하락의 소용돌이가 시작되면 주가는 지속적으로 떨어진다. 그러면 그사이 주도주를 사지 못해 안달이 났던 사람들이 뒤늦게 시장에 참여했다가 '물리게' 된다. 주도주가 한번 추락하면 대체로 3~10년은 주가 회복이 어렵기 때문에 뒤늦게 매수에 참여하는 것은 위험할 수 있다.

새로운 강세장이 시작될 때는 그 시장을 이끌 주도주를 재빠르게 파악하고 시의적절하게 올라타는 것이 중요하다. 그렇다면 어떻게 다음 주도주를 예측할 수 있을까? 우선 주가 하락이 시작되면 다음 강세장에 대비해 차세대를 이끌 새로운 트렌드를 파악해야 한다. 그러려면 끝없이 정보를 수집하고 공부를 해야 한다.

그리고 주가가 회복되기 시작하면 자신이 얻은 정보를 바탕으로 회복 속도가 빠른 종목 중에서 차세대 주도주를 찾아내야 한다.

경제학의 대가인 케인스의 말대로 주식시장에서는 내가 좋다고 보는 종목이 아니라 남들이 좋다고 볼 만한 종목을 사야 한다. 그 종목이 무엇인지를 보여주는 가장 중요한 신호는 바로 가격이다.

강세장의 주도주는 항상 예상보다 훨씬 많이 오르기 때문에 너무 빨리 이익을 실현할 필요는 없다. 다만 패러다임의 변화나 시스템적인 위기 또는 원인 불명의 급락은 경계해야 한다. 특히 원인 불명의 급락은 그야말로 살 만한 사람은 다 사서 작은 충격에도 주가가 흔들리는 단계가 됐다는 것을 뜻하기 때문이다.

6

반드시 피해야 할
투자도 있다

중국 투자,
기회인가 수렁인가

　한국인이 미국에 이어 두 번째로 투자를 많이 하는 나라가 바로 중국이다. 지난 40년 동안의 놀라운 성장률, 미국을 제외하면 단일 시장으로는 그 어떤 나라보다도 거대한 내수시장, 정부 주도의 첨단 산업 육성, 미국 빅테크 기업을 닮은 알리바바나 텐센트 같은 거대한 IT 플랫폼 기업 등을 보면 당장이라도 중국에 투자하고 싶을 것이다.

　하지만 중국 투자에는 큰 기회만큼 큰 위험이 따른다. 중국 경제는 40년 동안 단 한 번의 불황도 없이 성장한 탓에 부채, 부동산 버블, 좀비 기업 등 온갖 문제가 산적해 있다. 게다가 미·중 무역 갈등이 심화되면서 앞으로 중국 경제는 강력한 도전에 직면할 가능성이 크다.

만약 중국 경제가 앞으로도 지속적인 호황을 보인다고 해도 중국 주식시장에는 투자 수익률을 제약하는 몇 가지 심각한 약점이 있다. [그림29]는 2000년 이후 중국의 상하이 종합주가지수를 보여준다. 상하이 지수는 2007년 10월 6,092로 역대 최고치를 찍은 이후 글로벌 금융 위기가 시작되자 2008년 11월 1,706까지 떨어지며 거의 4분의 1토막이 됐다. 그 뒤에 주가가 좀 회복되나 싶더니 유럽 재정 위기가 시작되면서 2014년에는 다시 1,900대로 주저앉았다.

이후 중국 상하이 지수는 짧은 급등과 급락을 거듭하면서 2020년 9월에도 2007년의 역대 최고치 기록의 3분의 2 수준도 넘지 못하며 박스권에 갇힌 모습을 보여주었다. 그런데 2007년 글로벌 금융 위기 이후 중국이 기록한 경이적인 성장률을 보면 이 같은 주가 상승률이 도저히 납득되지 않는다. 중국은 왜 기록적인 고성장에도 불구하고 주가 상승률이 이토록 저조했던 것일까?

2010년 1월 3,000을 넘었던 상하이 종합지수는 2020년 8월에도 3,300선으로 큰 변화가 없었다. 하지만 같은 기간 상하이 증시 시가총액은 17조 위안(약 2,900조 원)에서 42조 위안(약 7,100조 원)[12]으

그림29. 2000년 이후 중국의 상하이 종합주가지수

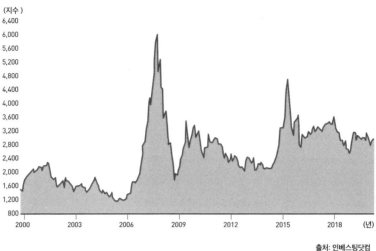

출처: 인베스팅닷컴

로 2배 이상 성장했다.

이처럼 시가총액만 늘고 주가지수 상승률은 저조했던 가장 큰 이유는 미국 기업들이 끝없이 자사주를 사들여 소각해온 것과는 달리, 중국 기업들은 대규모 유상 증자와 신규 상장으로 주식 수를 계속 늘려왔기 때문이다. 자금 조달 창구라는 측면에서 주식시장이 제 역할을 하고 있다고 볼 수도 있지만, 어쨌든 이는 주가지수 상승을 제약하는 요소가 되어왔다.

이 때문에 중국의 성장세만 믿고 주가지수 인덱스펀드에 가입하는 것은 중국의 성장 과실을 고스란히 누릴 방법으로 보기 어렵다. 그래서 중국에 투자하려면 시장 수익률을 뛰어넘는 좋은 액티

브펀드_{active fund}(시장수익률을 초과하는 수익을 올리기 위해 펀드 매니저들이 적극적인 운용 전략을 펴는 펀드)[13]에 가입하거나 직접 유망한 기업을 골라 투자하는 편이 나을 수도 있다.

중국 투자의 또 다른 문제는 회계 투명성이 담보되지 않는다는 것이다. 2020년 6월 27일 중국판 스타벅스로 불렸던 루이싱커피瑞幸咖啡, Luckin coffee가 미국 나스닥 시장에서 퇴출되었다. 루이싱커피 최고운영책임자가 직원과 짜고 22억 위안(약 3,800억 원)의 매출을 부풀린 회계 부정이 발각됐기 때문이다.

나스닥에 상장됐던 중국 기업이 이 정도라면 회계 감리가 투명하지 않은 중국 주식시장에서는 회계 조작이 더욱 심각할 가능성이 크다. 게다가 주가 조작이나 내부자 거래를 엄정히 다루는 미국과 달리 중국에서는 단속과 처벌이 엄격하게 이루어지지도 않는다.

무엇보다 가장 큰 문제는 정말 유망한 중국 기업들에 대한 직접 투자가 막혀 있다는 점이다. 2019년 이후 전기차 보급 속도가 가속화되고, 테슬라가 흑자로 돌아서면서 전기차 배터리 업체에 대한 관심이 커졌다. 특히 전기차 배터리 분야에서 LG화학과 세계 1, 2위를 다투는 중국의 CATL_{Modern Amperex Technology Co. Limited}이 핵심 기업으로 떠오르고 있다.

CATL은 세계 최대의 전기자동차시장인 중국 시장을 장악하고 있는 기업이다. 게다가 중국 정부의 온갖 지원을 받는 데다 중국에서는 전기차 생산량이 워낙 많기 때문에 축적된 생산 경험이 많고 기술력도 이미 세계 최고 수준에 가깝다. 배터리 핵심 소재인 희토류도 중국이 지배하고 있기 때문에 CATL에는 여러모로 유리한 상황이다.

하지만 우리나라 개인투자자들이 CATL에 투자하는 것은 쉬운 일이 아니다. 우선 국내 증권 계좌로 투자할 수 없기 때문에 중국 내에 계좌를 만들어야 한다. 나중에 수익금을 중국 계좌에서 인출하는 것도 매우 까다롭다.

게다가 달러로 투자하는 미국 주식 투자와 달리 위안화로 투자하는 중국 주식 투자는 위안화의 안정성도 고려해야 한다. 당장 2020년 3분기 이후에는 위안화가 강세를 보이고 있지만, 장기적으로는 중국의 급격한 임금 상승으로 국제 경쟁력이 급속히 약화되고 있는 데다 미·중 무역 전쟁까지 심화되면 언제든 또다시 위안화 가치가 흔들릴 위험이 있다.

물론 이런 모든 단점을 감안해도 중국은 여전히 매력적인 시장이다. 다만 중국 시장은 미국 시장에 비해 다루기가 까다롭기 때문에 중국 시장을 공략하려면 먼저 중국 시장을 철저히 연구하고 준비해야 한다. 막연히 과거 중국의 경제성장률이나 코로나19 사태 이후의 주가 상승률만 보고 중국 투자에 나섰다가는 낭패를 당할 수 있다.

아직 중국 투자를 시작하지 않았다면 40년 호황이 언제 끝날지 관심을 갖고 지켜볼 필요가 있다. 지금까지 중국은 주기적으로 위기나 침체를 불러왔던 세계경제의 부채 사이클을 무시하고 나 홀로 장기 성장세를 유지해왔다. 하지만 중국만 영원히 예외로 남을 수는 없기에 언젠가 찾아올 중국 시장의 조정에도 대비해두어야 한다.

디지털 경제에서 소외된 이머징 마켓을 피하라

젊은 인구가 늘고 있고 성장 가능성도 높은 브라질, 인도, 인도네시아 같은 신흥국 투자를 고려하는 사람들도 많을 것이다. 미·중 무역 갈등으로 중국 공장이 주변 신흥국으로 이전하는 경우도 많기 때문에 신흥국 투자가 상당히 매력적으로 보일 수도 있다. 신흥국 성장에 가속도가 붙었던 2000년대라면 이런 판단이 맞을지 모른다.

그러나 2008년 글로벌 금융 위기 이후 미국과 신흥국의 주가에 큰 격차가 생겼다. [그림30]은 미국과 신흥국의 주가가 얼마나 고평가 또는 저평가됐는지를 나타내는 경기조정주가수익비율, 즉 CAPE지수를 보여준다. CAPE지수는 앞서 설명한 대로 주가를 10년간 평균 주당순이익으로 나눈 주가수익비율로서, 높으면 높

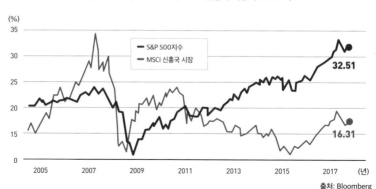

그림30. 미국 S&P 500과 MSCI 신흥국 시장의 CAPE 비교

출처: Bloomberg

을수록 주가가 고평가되었음을 의미한다.

　[그림30]을 보면 2011년부터 미국 기업들의 CAPE지수는 급격히 올라간 반면 신흥국 기업들의 CAPE는 떨어졌다. 미국과 신흥국의 주가 격차가 커진 것은 2011년 이후 가속화된 디지털 격차 때문이라고 할 수 있다. 인공지능, 로보틱스, 플랫폼 경제 등으로 무장한 미국의 빅테크 기업들이 전통 산업의 영역을 무너뜨리며 무섭게 성장하고 있기 때문이다.

　더구나 선진국들이 자국으로 공장을 불러들이는 리쇼어링 현상까지 가속화되고 있다. 1차 산업혁명 직후에는 운송 비용이 워낙 컸기 때문에 자원이 있는 곳에 공장이 들어섰지만, 2차 산업혁명 이후에는 인건비가 중요해지면서 신흥국에 공장을 지었다. 그러나 3차 산업혁명이 가속화된 지금은 인공지능과 로보틱스의 발전으로 더는 인건비가 중요하지 않게 되면서 '시장'이 있는 선진국에 공장을 짓기 시작했다.

신흥국 투자의 또 다른 문제는 경제 위기에 취약하다는 점이다. 위기가 올 때마다 신흥국 주가는 선진국 주가보다 훨씬 큰 폭의 하락세를 보였다. 브라질을 예로 들면, 코로나19 사태가 시작되자 11만 6,517이었던 보베스파IBOVESPA 지수가 44% 넘게 하락한 6만 3,569를 기록했다. 미국 등 대부분의 선진국과 우리나라가 30%대 하락률을 보인 것에 비하면 낙폭이 훨씬 컸다.

게다가 브라질은 통화가치까지 폭락해 이중 손실을 봐야 했다. 코로나19 사태 이후 실물경제가 위축되면서 브라질의 주력 수출품인 원자재 가격이 폭락하자 원화에 대한 헤알화 환율은 1헤알에 280원에서 210원대로 급락했다. 만일 우리나라 투자자가 2020년 2월에 브라질 주식시장에 투자했다면, 주가 하락 당시 환차손까지 겹치면서 무려 60%에 가까운 손실을 입었을 수도 있다.

신흥국 주가는 대체로 회복 탄력성도 크게 떨어진다. 경기회복이 시작되면 선진국의 투자와 소비가 살아나고, 6~18개월 뒤에 신흥국의 수출이 회복된다. 그러면 뒤늦게 원자재 가격이 오르면서 신흥국의 주가가 본격적으로 회복세를 보이게 된다.

한 박자 느린 회복 때문에 선진국 시장에서 충분한 수익을 거두어 더 이상 추가로 얻을 수익이 크지 않을 때에야 신흥국에 대한 투자를 시작하는 것이 글로벌 자본의 전형적인 패턴이다. 따라서 군이 신흥국에 투자하려 한다면 선진국, 특히 미국 주식에 먼저 투자했다가 충분히 올랐다고 생각될 때 글로벌 자금의 흐름을 따라 신흥국 투자를 시작하는 것이 좋다.

더구나 신흥국의 고질적인 부패와 회계 부정, 정치적 불안정성도 심각한 문제다. 걸핏하면 부패 스캔들로 집권당이 흔들리고 종종 쿠데타까지 일어나 군부독재 정권이 들어서기도 한다. 신흥국에서는 어떤 정권이든 정권 창출 초기에 부패 척결을 외치지만 대부분은 이전 정권의 부패를 답습하며 경제를 더욱 망쳐놓기 일쑤다.

신흥국에 투자하고 싶다면 먼저 그 나라의 역사는 물론 정치적, 문화적 배경까지 철저히 연구하는 것이 좋다. 신흥국 투자는 위험성이 큰 만큼 변동성도 높기 때문에 철저한 연구만 뒷받침되면 놀라운 성과를 낼 수도 있다. 다만 신흥국 투자는 그만큼 위험성을 감수해야 한다는 점을 명심해야 한다.

7

기로에 선
대한민국 부동산 투자

공급 실종,
향후 2년이 위험하다

부동산 가격은 수요와 공급 측면에서 모두 극단적인 변화를 앞두고 있기 때문에 향후 2~3년 동안 유례없는 격변기를 맞이할 가능성이 크다. 더구나 최근 부동산 가격에는 정부의 부동산 대책이 큰 영향을 미치고 있는 만큼 정부 요인도 유심히 지켜봐야 한다.

먼저 수요 측면에서 가장 중요한 요인은 우리나라는 물론 미국, 유럽, 일본 등 주요 국가의 금리 인하와 대규모 양적완화다. 제로금리와 양적완화로 엄청난 자금이 풀리면서 세계 주요 국가의 시중

금리가 급락했고, 대출 조건도 완화되면서 주택 수요를 자극하고 있다.

연준의 양적완화가 계속 효과를 내는 동안에는 집값을 견인하는 주요 원인이 될 수 있다. 다만 앞에서 설명한 것처럼 연준이 양적완화를 지속할 수 없는 상황이 발생하거나 돈을 풀어도 자산 가격을 떠받칠 수 없는 돌발 사태가 일어날 경우에는 오히려 집값을 끌어내리는 요인으로 돌변할 가능성도 있다.

양적완화의 성패는 향후 1~2년, 늦어도 3년 안에 드러날 것이다. 양적완화로 실물경제가 살아날 때까지 금융시장을 지탱할 수 있다면 향후 집값은 더욱 상승할 것이다. 하지만 양적완화에도 디플레이션이나 스태그플레이션이 찾아온다면 집값은 부정적인 영향을 받을 것이다.

다행히 대표적인 선행 변수인 주가를 관찰하면 수요 측면에서의 집값 향방을 미리 가늠해볼 수 있다. 대체로 주가가 상승하면 6~12개월 뒤에 집값 상승의 가능성이, 또 주가가 급락하면 6~12개월 뒤에 집값 하락의 가능성이 커지게 된다.

그런데 사실 최근 집값 급등의 원인은 공급 요인에 있었다고 해도 과언이 아니기 때문에 공급 요인의 변화 또한 주의 깊게 살펴볼 필요가 있다. 주택 공급은 기존 주택이 매물로 나오는 경우와 신규 주택이 공급되는 경우로 나눌 수 있다. 문제는 지난 2~3년 동안 시행된 부동산정책이 이 두 가지 측면의 주택 공급을 모두 제한하는

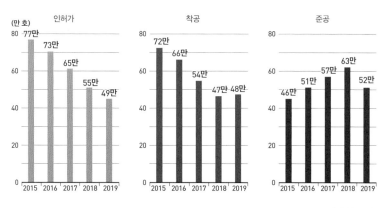

그림31. 전국 주택 건설 연도별 물량 추이

출처: 국토교통부

방향으로 추진돼왔다는 점이다.

[그림31]은 국토교통부가 발표한 인·허가와 착·준공 실적이다. 주택 건설을 하려면 먼저 인·허가를 받은 뒤 착공을 하고, 공사가 완료된 후 검사를 받는 준공 단계로 끝나게 된다. 그런데 인·허가만 받고 착공을 미루는 경우도 많기 때문에 대체로 인·허가 물량이 착공 물량보다 많은 편이다.

2015년 72만 호였던 착공 물량이 지속적으로 줄어들어 2019년에는 48만 호로 감소했다. 착공 물량이 감소하면 대체로 3년 뒤의 준공 물량이 줄어들어 주택 공급이 위축되게 된다. 실제로 2018년 63만 호를 기록했던 준공 물량은 2019년에 이미 52만 호로 줄어들었다. 그리고 2019년 인·허가 물량이 49만 호로 감소했기 때문에 2020년 착공 물량도 더욱 줄어들 가능성이 크다.

사실 지금처럼 집값이 폭등하는 상황에서 인·허가 물량과 착공 물량이 모두 감소하는 것은 이례적인 현상이다. 이는 최근 2~3년 동안 쏟아져 나온 부동산정책이 재건축과 재개발의 인·허가에 제동을 걸고 재건축 부담을 크게 늘리는 등 신규 주택 건설의 유인을 억제하는 쪽에 맞춰졌기 때문에 발생한 왜곡 현상이라고 할 수 있다.

최근 부동산정책은 무엇을 간과했나

사실 정부의 부동산정책이 효과를 거두려면 이윤을 추구하는 인간의 심리, 즉 인센티브 메커니즘incentive mechanism을 정확히 파악하고 경제주체들의 행동을 유도하는 넛지nudge(사람들이 나은 선택을 하도록 유도하는 부드러운 개입)를 활용해, 시장 안정을 꾀하는 방향으로 진행되어야 지속적인 정책 효과를 달성할 수 있다.

하지만 그동안 정부의 부동산 대책은 인간의 심리를 고려하지 않고 기존 주택 소유자, 특히 다주택자들의 불로소득을 막겠다며 시장을 억제하는 데만 총력을 기울여왔다. 게다가 증상이 나타나면 그 증상만 일단 틀어막으려는 대증요법對症療法에 치중해온 바람에 시장의 왜곡만 키우고 말았다.

정부의 정책 기조가 신규 주택 건설을 억제한다는 비판이 계속됐음에도 정부는 2010년대 초반에 비해 주택 공급 물량이 충분하기 때문에 과도한 신규 주택 건설은 다주택자의 투기만 부추길 뿐, 집값 하락으로 이어지지 않는다는 논리로 기존의 부동산정책 방향을 고집해왔다.

정부는 2010년대 초반과 달리 2010년대 후반 우리 국민은 소득이 크게 늘어난 만큼 더 나은 주거 환경을 원하고 있다는 사실을 간과한 것이다. 2017년부터 시작된 반도체 슈퍼사이클 등 각종 호재에 힘입어 2018년에는 상위 20%의 소득이 10% 이상 늘어났고, 더불어 도심 인기 지역의 대단지 새 아파트에 대한 수요도 훨씬 커졌다.

또 다른 문제는 거듭된 부동산정책이 기존 주택 소유자들의 매도를 유도하기는커녕 오히려 매물 잠김 현상을 일으켰다는 점이다. 정부가 2017년 8.2부동산 대책을 통해 임대사업자로 등록하면 양도소득세 70% 감면, 종합부동산세 합산 배제, 재산세 대폭 감면 등 특혜에 가까운 세제 혜택을 3종 세트로 몰아주는 바람에 임대사업자가 급속히 늘어났다.

문제는 임대사업자로 등록할 경우 4년 또는 8년 동안 집을 팔지 않아야 세제 혜택을 볼 수 있기 때문에 임대사업자가 많아질수록 주택 매물이 줄어드는 매물 잠김이 일어났다는 점이다. 8.2대책 이후 2020년 1분기까지 등록임대사업자는 51만 명으로 늘었고, 이들이 소유한 주택은 156만 채나 되었다.

8.2대책의 가장 심각한 문제점은 임대사업자에게 대출 특혜까지 제공했다는 점이다. 1주택자가 투기지역이나 투기과열지구에서 집을 사는 경우 주택 담보인정비율LTV은 40%지만, 임대주택사업자로 등록하는 경우는 그 비율이 80%까지 높아졌다. 다주택자에게 대출 특혜를 주었던 이 황당한 정책은 집값을 폭발적으로 끌어올리는 기폭제가 되었다.

넛지 측면에서 8.2대책의 근본적인 문제는, 시장이 강력한 부동산 안정 대책을 기대하고 있던 상황에서 오히려 부동산 부양책이나 다름없는 임대사업자 특혜 정책을 발표하는 바람에 정부가 부동산시장을 안정시킬 의지가 없다는 잘못된 시그널을 주었다는 점이다. 그 결과 집값은 거침없는 상승세에 들어섰다.

이후 정부는 스무 번 넘게 부동산 대책을 내놓았지만 이미 달아오른 시장을 식히지는 못했다. 첫 단추를 잘못 끼운 상황에서 시장의 기대를 꺾어놓으려면 정부의 강력한 의지를 보여주는 콜드 터키cold turkey(해로운 것을 단번에 끊는 정책. 마약 중독자가 갑자기 약물을 끊게 되면 그 괴로움 때문에 온몸에 닭살이 돋는데, 이 모습이 냉장 보관된 칠면조와 비슷해서 이런 비유가 나왔다) 방식의 강력한 정책이 필요했음에도, 정부는 눈앞의 증상만 완화시키려는 미온적 대책으로 일관하며 시장의 내성을 키워나갔다.

2021년 이후에도 수요와 공급 측면의 시장의 힘만 보면 여전히 집값을 상승시킬 여력이 남아 있는 것은 사실이다. 하지만 최근 정부도 부동산 문제의 심각성을 깨달았는지, 2020년 7.10대책을 기점으로 콜드 터키에 가까운 강력한 부동산 대책으로 선회했다는 점에서 과거와는 차이를 보여주기 시작했다.

또한 정부가 그동안 공급 측면을 간과했던 것과는 달리 2020년 8.4주택 공급 대책 등 다양한 주택 공급 방안을 마련했기 때문에 이 부분도 장기적으로는 주택시장의 변수가 될 수 있다. 다만 지금부터 주택 공급에 나선다고 해도 개발 계획부터 실제 입주까지 최소한 4년은 걸리기 때문에 2021~2024년이 주택 공급 측면에서 매우 큰 고비가 될 것으로 보인다.

또한 7.10대책으로도 집값이 잡히지 않고 2021년 다시 집값이 들썩일 경우 정부가 부동산 규제를 더욱 강화할 가능성이 있다. 그런데 이미 20여 차례에 걸친 부동산 규제로 시장이 너무나 복잡하게 얽혔기 때문에 부동산 규제를 강화할수록 왜곡이 더욱 심화되어, 시장은 우리가 전혀 상상하지 못한 방향으로 흘러갈 우려가 있다.

예를 들어, 일본은 1980년대 중반 이후 부동산 가격 폭등을 방조하던 정부가 1989년에야 뒤늦게 과도한 부동산 규제 정책을 꺼내드는 바람에 2년 뒤인 1991년부터 집값이 폭락하는 악몽을 경험했다. 이처럼 한 발 늦은 정책은 어떤 방향으로든 가격의 급변을 부르는 심각한 시장 왜곡을 일으킬 수 있기 때문에 앞으로 정부 정책의 변화를 세심하게 지켜봐야 한다.

불패는 없다,
버블과 외적 변수를 놓치지 마라

2021~2024년 부동산 가격의 향방을 좌우할 결정적 요인은 바로 미국의 양적완화다. 만일 미국 양적완화의 효과가 지속되면 들썩이는 부동산 가격과 정부의 힘겨루기가 더욱 거세지겠지만, 반대로 양적완화가 어떤 원인으로든 작동을 멈추면 정반대의 싸움이 벌어질지도 모른다.

이처럼 불확실성이 큰 상황에서는 집이 없는 것도 불안하겠지만, 반대로 더는 집을 살 기회가 없을 것이라는 공포감에 무턱대고 부동산을 사는 패닉바잉panic buying은 더욱 위험하다. 급한 마음에 많은 빚을 지고 비인기 지역에 집을 샀다가는 약간만 조정이 시작되어도 집을 팔지 못하고, 빚을 갚기도 어려운 진퇴양난에 처할 수 있기 때문이다.

최근 수년간 이어진 집값 상승 때문에 부동산은 조정조차 받지 않는 불패의 자산으로 생각되기도 한다. 하지만 1990년부터 1999년까지 10년 가까이 부동산 불황을 겪은 적도 있었고, 2008년부터

2014년까지 서울과 경기 지역의 집값 하락으로 하우스푸어_{house poor}라는 신조어가 나온 적도 있었기 때문에 과도한 빚을 지고 집을 사는 것은 경계해야 한다.

실수요자에게는 언제 집을 사느냐보다 어떤 부동산을 사느냐가 중요하다. 우리 경제가 고성장할 때는 비록 시기의 차이가 있어도 대부분의 지역에서 집값이 동반 상승했기 때문에 어디든 집만 사두면 이익을 볼 수 있었다. 하지만 지금은 지역이나 입지 조건에 따라 큰 차이가 날 수 있기 때문에 세심한 주의가 필요하다.

과거 우리나라에 집이 부족하던 시대에는 도심 지역의 집값과 전세값이 오르면 여기서 밀려난 세입자들이 대도시 외곽의 아파트를 구입할 수밖에 없었다. 그래서 도심 인기 지역의 집값이 폭등하면 순차적으로 비인기 지역도 값이 올랐다. 한 발 늦게 상승세가 시작되긴 했지만 상승률이 도심 인기 지역에 크게 뒤처지지 않았다.

하지만 전국 주택 보급률이 2008년 처음으로 100%를 돌파한 이후 지속적으로 높아지면서 2018년에는 104%를 넘어섰다. 이제 적어도 전국적으로는 집이 부족한 시대가 끝난 셈이다. 반면 서울의 주택 보급률은 2014년부터 2017년까지 96%대 초반에 정체되어 있다가 2018년에는 95.9%로 오히려 하락하며 주택 부족이 해소되기는커녕 오히려 심화되었다.

더 이상 집을 지을 땅이 부족한 대도시 인기 지역에서는 여전히 주택이 부족한 반면, 대도시 외곽의 중소도시에서는 집이 조금씩 남아돌기 시작했다. 정부가 이미 발표한 3기 신도시 등은 물론 향후 주택 공급 확대 정책을 계속할 경우 도심 외곽 지역에 집이 남아도는 현상이 더욱 심화되고, 인기 지역과 비인기 지역의 집값 격차는 더욱 벌어질 가능성이 있다.

실제로 일본은 1991년 시작된 부동산 버블 붕괴로 상업용 부동산 가격은 80%, 주거용 부동산 가격은 60%나 떨어지는 대폭락을 경험했다. 그런데 2010년 집값 회복이 시작된 이후에는 도심 인기 지역만 버블 붕괴 직전의 가격을 넘어섰을 뿐, 일본 전체 땅값 평균은 여전히 버블의 정점이었던 1990년 가격의 40%밖에 되지 않는다.[14]

물론 도심 인기 지역의 부동산 가격은 이미 오를 대로 올랐기 때문에 신규 주택 구입자들이 이 가격을 감당하기는 쉬운 일이 아니다. 도심 인기 지역에 부동산을 구입할 수 있을 정도의 재력이 있다면 별다른 고민이 없겠지만, 만일 그렇지 않다면 혹시 다른 차선책은 없을까?

첫째, 지금은 집값이 도심 인기 지역보다 싸지만 곧 교통이 편리해질 가능성이 있는 곳을 택하는 것이다. 특히 GTX와 같은 대도심 급행철도나 신분당선 같은 고속지하철이 지나는 곳은 다소 물리적 거리가 멀어도 시간적 거리를 단축할 수 있기 때문에 관심을 가질 필요가 있다.

둘째, 앞으로 1인 가구나 무자녀 가구가 급속히 늘어나면서 주거를 결정하는 가장 중요한 요소는 교육에서 직주근접職住近接으로 조금씩 옮겨갈 것이다. 이 때문에 고임금 인력이 많은 대기업이나 공기업이 이전될 지역도 좋은 대안이 될 수 있다.

셋째, 이렇게 눈을 낮추어도 집을 사기에는 너무나 무리라면 집값 하락 시기를 기다리는 것도 하나의 전략이다. 지금까지 우리나라는 10여 년마다 집값 조정기를 거쳤고, 2014년에 시작된 이번 집값 상승이 앞으로도 아무런 조정 없이 영원히 계속되기는 어렵다.

집값 조정기에도 웬만해서는 호가를 낮추지 않기 때문에 지표상으로는 집값 하락폭이 크지 않은 것처럼 보이지만 실제로는 시장이 매수자 우위로 바뀌면서 좋은 집을 살 기회가 열리는 경우가 적지 않았다.

언젠가 시작될 집값 조정기에 대비해 부동산 경매 공부를 해두는 것도 좋은 방법이다. 부동산 조정기가 와도 부동산 호가가 낮아지는 데는 시간이 걸리지만, 코로나19 사태가 한창일 때 부동산 경매 가격이 폭락했던 것처럼 경매가는 즉각적으로 반응하기 때문에 값싸고 좋은 집을 구할 기회를 잡을 수 있다.

만일 상업용 부동산에 투자할 계획이 있다면 주거용 부동산보다 훨씬 더 세심하게 접근해야 한다. 최근 우리나라 상업용 부동산 가격이 상승한 이유는 지금 은퇴가 한창인 1차 베이비붐 세대의 신규 창업이 끊임없이 이어지고 있기 때문이다. 1차 베이비붐 세대(1955~1963년 출생자)는 한 해 출생자 수가 90만 명대에 이르는 거대한 인구 집단이다.

이들은 평균적으로 다른 세대보다 많은 자산을 갖고 있지만 노후 생활을 위한 현금 흐름은 취약하기 때문에 현업 은퇴와 동시에 자영업에 뛰어든다. 물론 이들 가운데 5년 안에 폐업하는 사람이 80%에 이르지만, 새로운 은퇴 인구가 끊임없이 자영업에 뛰어들면서 자영업자 숫자는 좀처럼 줄지 않고 있다. 자영업자가 끊임없이 시장에 진입한 덕분에 최근 수년간 상가 임대료가 지속적으로 상승했고, 이에 힘입어 상업용 부동산 가격과 토지 가격도 함께 치솟았다.

하지만 2020년대 초반 이후에는 상가 투자에 좀 더 보수적으로 접근해야 한다. 우선 자영업자의 신규 공급 측면만 보면 1968~1974년에 태어난 2차 베이비붐 세대의 수가 1차 베이비붐 세대에 못지않기 때문에 은퇴 인구는 끊임없이 늘어날 것이다. 하지만 2차 베이비붐 세대는 국민연금 등을 활용해 은퇴 이후 조금이나마 현금 흐름을 확보했다는 점에서 현금 흐름 없이 자산만 있었던 이전 세대와는 다소 차이가 있다.

또한 2020년 발생한 코로나19 사태의 여파로 비대면 경제가 더욱 활성화된 점도 상업용 부동산 가격에 부정적인 영향을 미칠 수 있다. 비대면 경제에 익숙하지 않던 사람들조차 코로나19 사태 이후에는 온라인으로 물건을 구입하기 시작했다. 점점 더 많은 사람들이 비대면 경제의 편리성에 익숙해지면 코로나19 사태 종식 이후에도 과거 대면 경제로의 완벽한 회귀가 이루어지지 않을 가능성이 크다.

비대면 경제가 활성화되면 상업용 부동산이 누리던 지대rent는 위축될 수밖에 없다. 예를 들어 음식점의 경우 기존에는 유동 인구가 많은 목 좋은 곳에 자리 잡는 것이 무엇보다 중요했다. 또한 한정된 시간에 많은 사람에게 음식을 팔기 위해서는 넓은 매장이 필수 요건이었다. 하지만 앞으로 매출의 상당 부분이 배달로 전환되면 더 이상 목 좋은 곳이나 넓은 매장이 필요하지 않을 것이다.

이처럼 상업용 부동산의 경우에는 살펴야 할 것이 많기 때문에 주거용 부동산보다 투자가 어렵다. 하지만 철저한 사전 준비를 통해 상권의 흥망성쇠를 정확히 간파하고 적절한 시점에 투자하면 그만큼 높은 수익률을 기대할 수 있기 때문에 전형적인 하이 리스크 하이 리턴high risk, high return을 기대할 수 있는 전형적인 투자라고 할 수 있다.

8

버블의 정점에선
결코 빚더미에 빠지지 마라

한 농장에 칠면조가 살고 있었다. 칠면조는 매일 아침 주인이 주는 먹이를 먹고 살아왔기 때문에 주인의 손은 먹이를 주는 손이라고 믿게 되었다. 1,000일째 되는 날에도 칠면조는 주인이 다가오는 것을 보고는 또 '먹이를 주겠구나'라고 편안하게 생각하지만 주인은 느닷없이 칠면조의 목을 졸랐다. 이날은 칠면조를 먹는 추수감사절이었던 것이다.

칠면조는 1,000일 동안 자신에게 먹이를 주던 친절한 손길이 자신의 목숨을 앗아갈 것이라고는 꿈에도 생각하지 못했다. 결국 목숨을 잃는 순간에야 그 착각이 얼마나 위험한 것인지를 깨달았다.

이는 영국의 저명한 철학자이자 수학자인 버트런드 러셀Bertrand

Russell이 자신의 경험만으로 세상을 속단하는 귀납적 오류가 얼마나 치명적인지를 보여주기 위해 소개한 우화다. 러셀은 자신의 책[15]에서 닭을 주인공으로 삼았지만, 이야기가 미국으로 넘어가면서 미국인들이 좋아하는 칠면조로 바뀌었기 때문에 지금은 '러셀의 칠면조Russell's turkey'라고 불리고 있다.

빚도 마찬가지다. 글로벌 금융 위기 이후 11년 동안 빚은 우리의 부를 빠르게 불려주는 중요한 수단이 되어왔다. 게다가 코로나19 사태 이후 미국 연준이 무제한 양적완화로 경기 부양에 나서면서 빚의 향연은 전례 없던 연장전까지 벌이고 있다.

지금 이 향연에 동참하면 당장은 더 큰 이익을 누릴 수 있을 것이다. 하지만 러셀의 칠면조처럼 빚을 언제나 나의 이익을 극대화하는 수단으로만 착각하고 마음을 놓았다가는 큰 낭패를 당할 수 있다.

사실 최대한 빚을 내서 적극적인 자산 투자에 나서야 할 시기는 경기 과열기나 버블 단계가 아니라 디레버리징 이후 부채가 늘어나기 시작하는 골디락스 단계다. 하지만 이 단계에는 바로 직전에 찾아왔던 버블 붕괴에 따른 충격에서 헤어나지 못하기 때문에 오히려 투자를 꺼리게 된다.

반대로 과도한 빚이 가장 위험한 시기는 부채 사이클이 버블 정점으로 치닫는 때다. 이 단계에 접어들면 자산 가격 폭등이 더 많은 빚을 부르고, 이는 다시 자산 가격 폭등을 불러서 부채가 감당

4부 코로나 시대의 현명한 투자 전략: 불확실한 미래, 어떻게 투자할 것인가

할 수 없는 수준까지 늘어나게 된다.

그러나 자산시장에 투자할 신규 참여자가 줄어드는 버블의 정점에 도달하게 되면 외부의 작은 충격만으로도 버블 붕괴가 시작되기 때문에 자산시장 급등에서 소외될까 조급한 마음으로 막판에 감당할 수 없을 정도로 많은 빚을 지고 자산시장에 뛰어드는 것은 매우 위험한 일이다.

따라서 버블이 정점으로 치닫는다는 시그널이 나타나면 부채를 관리하는 '빚 테크'가 가장 중요해진다. 빚 테크를 위해서는 첫째, 자신의 빚을 정확히 파악하고, 둘째, 감당할 수 있는 빚의 상한선을 정한 다음 셋째, 뜻밖의 외부 충격에 대비하기 위한 만기 관리에 나서야 한다.

먼저 자신이 지고 있는 빚의 구조를 파악하기 위해서는 빚이 정확하게 얼마인지, 대출 금리는 어느 정도인지, 대출 만기는 언제인지, 자신의 금리가 적정한 수준인지 등을 일목요연하게 정리해두어야 한다. 특히 자동차 할부금, 카드 할부금, 마이너스 통장, 전세보증금 등 다양한 '숨은 빚'을 정확하게 파악하고 있어야 한다.

자신의 빚을 정확히 파악했다면 그 빚이 장기적으로 감당할 만한 수준인지 검토해야 한다. 감당할 수 있는 빚의 규모는 자신의 미래 소득이나 지출 구조에 따라 달라지겠지만, 원리금 상환액이 가계소득의 30%를 넘지 않는 것이 좋다.

버블의 정점에 가까워질 때 가장 중요한 빚 테크는 만기 관리다.

만기 관리를 잘못하면 한 나라의 경제까지 위험에 빠뜨릴 만큼 무서운 결과를 초래하기도 한다. 1998년 외환 위기의 근본 원인은 과잉 투자, 기업지배구조의 문제 등 다양했지만, 위기의 직접적인 원인은 잘못된 만기 관리였다.

1990년대 김영삼 정부는 세계화를 내세우며 제2 금융권에 단기 외채 시장을 개방했다. 그러자 상당수 대기업들이 종합금융사(1975년 주로 외자 도입을 위해 설립된 제2 금융권 금융회사로서 저리의 단기 자금을 들여와 고리 장기 대출을 일삼아 1997년 외환 위기의 원인으로 지목되었다)들을 내세워서 단기 외채를 빌려다가 장기 시설투자를 시작했다.

당시 장기 외채의 금리는 연 6%였던 반면, 만기가 짧은 단기 외채의 금리는 연 3%에 불과할 정도로 장·단기 외채의 금리 차가 컸다. 이 때문에 기업들은 단기로 외채를 들여오면 이자를 절약할 수 있다는 점만 생각하고 단기로 외채를 들여와 장기투자를 했다.

더 나아가 종금사들은 저금리 단기 외채로 조달한 자금을 동남아시아 기업들에게 장기로 대출해주기 시작했다. 당시 종합금융사들은 이를 싼 금리로 조달한 자금을 비싸게 빌려주는 손쉬운 사업으로만 생각했을 뿐, 단기 외채의 만기 연장이 안 될 수도 있다는 생각은 꿈에도 하지 못했다.

그 결과 일본과 미국 등에서 빌려온 단기 외채가 무려 1,000억 달러(약 118조 원)를 돌파했다. 하지만 당시에는 누구도 단기 외채를 들여와 장기 대출을 해주는 것이 얼마나 위험한 짓인지 제대로 파악하지 못했다.

그러다 1997년 동남아시아의 금융 불안으로 신용 경색이 시작되자, 단기로 자금을 빌려주었던 일본계 금융회사들이 만기가 돌아오는 대로 원금 상환을 요구했다. 하지만 종금사들은 이 돈으로 장기 대출을 해준 상태였기 때문에 돈을 갚을 방법이 없었고, 이것이 우리나라를 국가 부도 위기로 내몬 주요 원인이 되었다.

이미 자산 가격이 하늘 높이 치솟아 언제 부채 사이클이 버블 붕괴 단계로 진입할지 불확실한 상황에서는 무엇보다 만기를 잘 관리하고 부채의 만기 연장이 원활히 이루어지도록 미리 대비해나가는 것이 중요하다.

따라서 경기 불안 요인이 계속되는 상황에서 만기까지 돈을 모두 갚을 수 없는 경우에는 만기 시에 금융회사가 일부 상환이나 추가 담보를 요구해도 큰 문제가 없도록 추가적인 대출 한도를 확보해두는 것이 좋다.

버블의 정점에서는 거듭된 자산 가격 폭등으로 누구나 이카로스처럼 하늘 높이 날고 싶다는 욕망에 사로잡히게 된다. 하지만 태양 끝까지 날아가면 밀랍으로 만든 날개가 한순간에 녹아내리는 것처럼, 불확실성이 계속되는 상황에서 더 빨리 더 많은 부를 거머쥐기 위해 감당할 수 없을 정도로 빚을 지는 무모한 결정은 경계해야 한다.

초장기 호황의 끝에서
다이달로스의 지혜를 복기하라

조너선 스위프트Jonathan Swift의 소설 《걸리버 여행기》를 모르는 이는 없을 것이다. 소인국과 거인국을 다룬 1, 2부가 대중적으로 유명하지만, 사실 백미白眉는 걸리버가 하늘에 떠 있는 수학의 섬 라퓨타Laputa를 방문했던 3부와 인간보다 훨씬 뛰어난 이성을 가진 후이넘Houyhnhnm의 세계를 다룬 4부라고 할 수 있다.

3부에서 걸리버는 럭낵Luggnagg이라는 지역을 방문했다가 그곳에 영원히 죽지 않는 불멸의 존재들인 '스트럴드블럭'이 살고 있다는 이야기를 듣고는 그들을 몹시 동경하게 된다. 걸리버는 그들이 죽음에 대한 불안과 공포에서 벗어나 오랜 세월 지혜를 쌓으며 풍요로운 삶을 살아온 존재일 것이라고 상상했다. 하지만 그 기대는 그들을 직접 만난 뒤에 큰 실망으로 바뀌었다.

스트럴드블럭은 죽지 않고 영원히 살아갈 뿐, 노화는 계속 진행되고 각종 질병에도 자유롭지 않았다. 그들은 나이가 들어 육신이 쇠약해질수록 영생에 대한 공포와 두려움에 빠졌다. 90세가 되면 머리털이 죄다 빠지고 음식의 맛을 느낄 수도 없으며, 심지어 식욕조차 상실하게 된다. 그리고 200세가 되면 온전한 정신을 잃어버려서 사람들과 대화를 나눌 수조차 없게 된다.

2009년 이후 무려 11년이 넘는 최장기 호황을 누렸던 미국 경제는 2020년 현재 부채 사이클상 버블의 정점을 지나 버블 붕괴 단계를 목전에 두고 있다고 해도 과언이 아니다. 그러나 연준은 버블 붕괴의 압력을 낮추기는커녕 오히려 팬데믹 극복을 위한 더 큰 버블로 자산 시장을 떠받침으로써 붕괴를 뒤로 미루는 선택을 했다.

이제 미국의 최장기 증시 호황은 2020년을 기점으로 연준에 의한 연장전에 돌입했다. 문제는 이 같은 연장전으로 전 세계경제가 자칫 럭낵에 사는 불멸의 존재들인 스트럴드블럭처럼 그저 수명만 연장된 채, 지속적인 노화는 물론 온갖 질병에 시달릴 가능성이 적지 않다는 점이다.

코로나19 사태 이후에 쏟아져 나온 각종 경기 부양책이 자산 가격만 끌어올릴 뿐 실물경제는 회복시키지 못하는 상황이 지속되면, 성장률 하락과 함께 실업률이 악화되고 빈부격차가 더욱 심화되면서 시장 전체의 수요가 감소하고 투자가 줄어드는 악순환의 고리에 빠질 수 있다. 이 때문에 언제 불안 요인이 등장할지 몰라서 선뜻 위험 자산 투자에 나서기가 쉽지 않은 상황이다.

그렇다고 언제 시작될지 모를 경제 위기를 걱정하며 현금만 쥐고 있는 것도 현명하지 않다. 미국 등의 주요 선진국은 물론 우리나라도 코로나19 사태에 따른 불황을 막겠다며 극단적인 수준으로 돈을 풀고 있다. 그 결과 돈의 가치가 급속히 떨어지면서 돈을 제외한 모든 자산이 일제히 급등하는 현상이 나타나고 있다.

그러므로 앞으로 코로나19 사태를 극복해가는 과정에서 개개인에게 가장 중요한 것은 바로 '다이달로스의 지혜'다. 욕심을 다스리지 못하고 너무 큰 탐욕에 사로잡혀 태양 가까이 날아서도, 그렇다고 두려움에 움츠려서 바다 근처를 날아서도 안 된다는 다이달로스의 지혜 말이다.

이 책이 코로나19 사태 이후 시작된 한 치 앞도 내다보기 힘든 경제적 풍랑 속에서 여러분이 다이달로스의 지혜를 갖고 어디로 날아가야 할지 방향을 비춰주고, 다가올 위험 요소를 미리 보여주는 작은 등대의 역할을 해주었기를 기대한다. 이제 이 격변의 시대를 '부의 골든타임'으로 만들 역전의 기회를 찾기 위해 할 일은 자신의 날개로 직접 날아오르는 것이다.

주

1부

1. Stanley W. Jevons, "Commercial Crises and Sun-Spots", *Nature* 19, pp. 588-590, 1879.
2. Abigail Tabor, "Solar Activity Forecast for Next Decade Favorable for Exploration", *National Aeronautics and Space Administration*, Jun 12, 2019.
3. Paul Krugman, *The Self Organizing Economy*, Wiley-Blackwell, 1996.
4. Ilya Prigogine, Isabelle Stengers, *Order Out of Chaos: Man's New Dialogue with Nature*, Heinemann, 1984.
5. Ray Dalio, *Big Debt Crises*, Bridgewater, 2018.
6. David Keohane, "The leverage clock tolls for thee", *Financial Times*, Aug 15, 2014.
7. 박종훈, 《2020 부의 지각변동》, 21세기북스, 2019.
8. 3개월~10년 물의 금리 차 통계는 다음 자료를 참고할 것. https://fred.stlouisfed.org/series/T10Y3M
   2~10년 물의 금리 차 통계는 다음 자료를 참고할 것. https://fred.stlouisfed.org/series/T10Y2Y
9. https://www.macrotrends.net/1319/dow-jones-100-year-historical-chart

2부

1. Tim Cantopher, *Depressive Illness: The Curse Of The Strong*, John Murray Press, 2016.
2. F. William Engdahl, *Gods of Money: Wall Street and the Death of the American Century*, Gertrud Engdahl, 2010.
3. Ellen H. Brown, *Web of Debt: The Shocking Truth about Our Money System and How We Can Break Free*, Third Millennium Press, 2010.
4. Eustace Mullins, *The Secrets of the Federal Reserve: The London Connection*, lulu.com, 2018.
5. William Greider, *Secrets of the Temple: How the Federal Reserve Runs the Country*, A Touchstone book, 1989.
6. Binyamin Appelbaum, Robert D. Hershey Jr., "Paul A. Volcker, Fed Chairman

Who Waged War on Inflation, Is Dead at 92", *The New York Times*, Dec 9, 2019.

7. William McChesney Martin Jr. (Oct 19, 1955). "Address before the New York Group of the Investment Bankers Association of America". FRASER. p. 12. Retrieved Oct 11, 2018.

8. Andrew F. Brimmer, *Remembering William McChesney Martin Jr.*, The Region, Federal Reserve Bank of Minneapolis, Sep 1, 1998.

9. Joseph E. Stiglitz, *The Great Divide: Unequal Societies and What We Can Do About Them*, Penguin Books Limited, Jun 4, 2015.

10. John Bellamy Foster, Fred Magdoff, *The Great Financial Crisis: Causes and Consequences*, New York: Monthly Review Press, 2009.

11. 박지영, "버블세븐 아파트 20만 가구, 20% 이상 하락",《파이낸셜뉴스》, 2012년 7월 15일.

12. Neil Irwin, "Why Ben Bernanke Can't Refinance His Mortgage", *The New York Times Company*, Oct 2, 2014.

13. Ben S. Bernanke, "What the Fed did and why: supporting the recovery and sustaining price stability", *The Washington Post*, Nov 4, 2010.

14. https://www.today.com/video/fed-chairman-jerome-powell-there-s-nothing-fundamentally-wrong-with-our-economy-81231429587(8분 30초 지점)

15. https://en.macromicro.me/collections/9/us-market-relative/91/interest-rate-sp500

16. Nick Timiraos, "Fed Unveils Major Expansion of Market Intervention", *The Wall Street Journal*, Mar 23, 2020.

17. https://fred.stlouisfed.org/series/WALCL

18. Miguel Boucinha, Lorenzo Burlon, "Negative rates and the transmission of monetary policy", *ECB Economic Bulletin*, Mar 2020.

3부

1. https://fred.stlouisfed.org/series/FEDFUNDS

2. Clifton B. Luttrell, *Interest Rates, 1914-1965*, Federal Reserve Bank of St. Louis Review, Oct 1965.

3. Roy Rosenzweig, Elizabeth Blackmar, *The Park and the People: A History of Central Park*, Cornell University Press, 1992.

4. Ellen Ruppel Shell, *The Job: Work and Its Future in a Time of Radical Change*, New York : Crown Publishing Group, 2018.

5. Edward N. Wolff, *The asset price meltdown and the wealth of the middle class*, NBER

Working paper 18559, Nov 2012.

6. https://fred.stlouisfed.org/series/UNRATE

7. Sapna Maheshwari, "With Department Stores Disappearing, Malls Could Be Next", *New York Times*, Jul 5, 2020.

8. Penelope Muse Abernath, "The Rise of a New Media Baron and the Emerging Threat of News Deserts", University of North Carolina Press, Oct 16, 2016.

9. Robert J. Gordon, *The Rise and Fall of American Growth: The U.S. Standard of Living Since the Civil War*, Princeton University Press, 2017.

10. Joseph Schumpeter, *Capitalism, Socialism and Democracy*, Harper & Brothers, 1942.

11. Pippa Stevens, "Outside of the big 5 tech companies, earnings growth is zero", CNBC, Feb 18, 2020.

12. Viral V. Acharya, Matteo Crosignani, Tim Eisert, Christian Eufinger, "Zombie Credit and (Dis-)Inflation: Evidence from Europe," CEPR Discussion Papers 14960, C.E.P.R. Discussion Papers, 2020.

13. Scott Sumner, "Are German schoolchildren taught about the 1929-32 deflation?", *The Library of Economics and Liberty*, Jan 7, 2015.

14. Robert L. Hetzel, "German Monetary History in the First Half of the Twentieth Century", *Federal Reserve Bank of Richmond Economic Quarterly* Volume 88/1 Winter, 2002.

15. Alberto Cavallo, "More Amazon Effects: Online Competition and Pricing Behaviors", Jackson Hole Economic Symposium Conference Proceedings (Federal Reserve Bank of Kansas City), 2018.

16. Ben S. Bernanke, "Before the Japan Society of Monetary Economics", Tokyo, Japan, Federal Reserve Board, May 31, 2003.

17. Jacob M. Schlesinger, "As Japan Battles Deflation, a Bitter Legacy Looms". *The Wall Street Journal,* Jun 12, 2015.

18. Jeffrey Robinson, *Yamani: The Inside Story*, Simon & Schuster, 1988.

19. https://www.bp.com/en/global/corporate/energy-economics/statistical-review-of-world-energy/oil.html

20. Kemal Dervis, "Are we at the end of economic convergence?", World Economic Forum, Feb 14, 2018.

21. Dani Rodrik, "Growth Without Industrialization?", Project Syndicate, Oct 10, 2017.

22. Enda Curran, "China's Debt Bomb", Bloomberg, Jun 18, 2015. "China's debt tops 300% of GDP, now 15% of global total: IIF", Reuters, Jul 18, 2019. https://www.reuters.com/article/us-china-economy-debt/chinas-debt-tops-300-of-gdp-

now-15-of-global-total-iif-idUSKCN1UD0KD

23. 김윤기·황종률·오연희, "중국 경제 현안분석－부채·부동산·그림자 금융을 중심으로", 〈경제현안분석〉 97호, 국회예산정책처, 2018년 12월.

24. IMF Fiscal monitor, "Debt: Use It Wisely", Oct 2016.

25. 김기수, "악화되는 미중 경제 관계와 코로나 사태", 〈세종정책브리프〉 No. 2020-08, 세종연구소, 2020년 6월 19일.

26. "A Global Consumer Default Wave Is Just Getting Started in China", *South China Morning Post*, Mar 29, 2020.

27. 박종훈, 앞의 책, 2019.

28. Kentaro Iwamoto, "Real estate slowdown shakes Asia's economic foundations", *Nikkei Asian Review*, Jan 22, 2019.

29. https://www.imf.org/en/Publications/WEO/Issues/2020/01/20/weo-update-january2020

30. Lester Thurow, *Head to Head: The Coming Economic Battle Among Japan, Europe, and America*, Warner Books, 1993.

31. Robert A. Mundell, "A Theory of Optimum Currency Areas", *American Economic Review* 51 (4): 657–665, 1961.

32. https://data.worldbank.org/indicator/BN.CAB.XOKA.GD.ZS?locations=DE

33. Eurostat.

34. 최신 데이터는 다음을 참고할 것. World Economic Outlook Update, Jun 2020.

4부

1. 박종훈, 앞의 책, 2019.

2. J. Müller and H.E. Frimmel, "Numerical Analysis of Historic Gold Production Cycles and Implications for Future Sub-Cycles", *The Open Geology Journal*, 4, 29-34, 2010.

3. Kevin Murphy, "Gold discovery rates continue to decline", S&P Global Market Intelligence, May 1, 2018.

4. BMG Group Inc.

5. statista
https://www.statista.com/statistics/274684/global-demand-for-gold-by-purpose-quarterly-figures/

6. http://pages.stern.nyu.edu/~adamodar/New_Home_Page/datafile/histretSP.html

7. https://www.cnbc.com/2017/06/23/how-much-housing-prices-have-risen-

since-1940.html

8. https://mgmresearch.com/us-vs-eu-a-gdp-comparison/

9. Kenneth Fisher, *Markets Never Forget (But People Do): How Your Memory Is Costing You Money—and Why This Time Isn't Different*, Wiley, 2011.

10. Ben Carlson, "How Long Does it Take to Make Your Money Back After a Bear Market?", A Wealth of Common Sense, Mar 13, 2020.
    https://awealthofcommonsense.com/2020/03/how-long-does-it-take-to-make-your-money-back-after-a-bear-market/

11. David Floyd, "Buffett's Bet with the Hedge Funds: And the Winner Is…", Investopedia, Jun 25, 2019.

12. https://www.ceicdata.com/en/china/shanghai-stock-exchange-market-capitalization/market-capitalization-shanghai-stock-exchange-stocks

13. https://etfdb.com/dividend-etf/what-you-need-to-know-about-the-10-most-popular-dividend-etfs/

14. 김동욱, "'똑똑한 물건'만 오른다…양극화 심해진 日부동산", 〈한국경제〉, 2019년 3월 20일.
    https://www.hankyung.com/international/article/201903203548i

15. Bertrand Russell, The Problems of Philosophy, London: Williams and Norgate, 1912.

참고문헌

Brown E. H., *Web of Debt: The Shocking Truth about Our Money System and How We Can Break Free*, Third Millennium Press, 2010.

Cantopher T., *Depressive Illness: The Curse Of The Strong*, John Murray Press, 2016.

Dalio R., *Big Debt Crises*, Bridgewater, 2018. 〔레이 달리오, 《레이 달리오의 금융 위기 템플릿: 다가올 금융 위기를 대비하는 원칙》, 송이루, 이종호, 임경은 역(한빛비즈, 2020)〕

Engdahl F. W., *Gods of Money: Wall Street and the Death of the American Century*, Gertrud Engdahl, 2010. 〔윌리엄 엥달, 《화폐의 신: 누가, 어떻게, 세계를 움직이는가》, 김홍옥 역(길, 2015)〕

Fisher K., *Markets Never Forget (But People Do): How Your Memory Is Costing You Money—and Why This Time Isn't Different*, Wiley, 2011. 〔켄 피셔, 라라 호프만스, 《주식시장은 어떻게 반복되는가: 역사에서 배우는 켄 피셔의 백전불태 투자 전략》, 이건, 백우진 역(에프엔미디어, 2019)〕

Foster J. B., Magdoff F., *The Great Financial Crisis: Causes and Consequences*, New York: Monthly Review Press, 2009. 〔존 벨라미 포스터, 프레드 맥도프, 《대금융 위기: 왜 뉴욕발 금융위기는 그토록 자주 일어나는가?》, 박종일 역(인간사랑, 2010)〕

Gordon R. J., *The Rise and Fall of American Growth: The U.S. Standard of Living Since the Civil War*, Princeton University Press, 2017. 〔로버트 J. 고든, 《미국의 성장은 끝났는가: 경제 혁명 100년의 회고와 인공지능 시대의 전망》, 이경남 역(생각의힘, 2017)〕

Greider W., *Secrets of the Temple; How the Federal Reserve Runs the Country*, A Touchstone book, 1989.

Jevons S. W., "Commercial Crises and Sun-Spots", *Nature* 19, pp. 588–590, 1879.

Krugman P., *The Self Organizing Economy*, Wiley-Blackwell, 1996. 〔폴 크루그먼, 《자기 조직의 경제: 폴 크루그먼의 복잡계 경제학 강의》, 박정태 역(부키, 2002)〕

Luttrell C. B., *Interest Rates, 1914-1965*, Federal Reserve Bank of St. Louis Review, Oct 1965.

Mullins E., *The Secrets of the Federal Reserve: The London Connection*, lulu.com, 2018.

Prigogine I., Stengers Isabelle, *Order Out of Chaos: Man's New Dialogue with Nature*, Heinemann, 1984.

Robinson J., *Yamani: The Inside Story*, Simon & Schuster, 1988.

Rosenzweig R., Blackmar E., *The Park and the People: A History of Central Park*, Cornell University Press, 1992.

Schumpeter J., *Capitalism, Socialism and Democracy*, Harper & Brothers, 1942.

Shell E. R., *The Job: Work and Its Future in a Time of Radical Change*, New York : Crown Publishing Group, 2018. 〔엘렌 러펠 셸,《일자리의 미래: 왜 중산층의 직업이 사라지는가》, 김후 역(예문아카이브, 2019)〕

Stevens P., "Outside of the big 5 tech companies, earnings growth is zero", CNBC, Feb 18, 2020.

Stiglitz J. E., *The Great Divide: Unequal Societies and What We Can Do About Them*, Penguin Books Limited, Jun 4, 2015. 〔조지프 스티글리츠,《거대한 불평등: 우리는 무엇을 할 수 있는가》, 이순희 역(열린책들, 2017)〕

Wolff E. N., *The Asset price meltdown and the wealth of the middle class*, NBER Working paper 18559, Nov 2012.

김윤기·황종률·오연희, "중국 경제 현안 분석-부채·부동산·그림자 금융을 중심으로",〈경제현안분석〉 97호, 국회예산정책처, 2018년 12월.

박종훈,《2020 부의 지각변동》, 21세기북스, 2019.

부의 골든타임

팬데믹 버블 속에서 부를 키우는 투자 전략

초판 1쇄 2020년 10월 26일
초판 3쇄 2020년 10월 28일

지은이 | 박종훈

발행인 | 문태진
본부장 | 서금선
책임편집 | 김예원   편집2팀 | 김예원 정다이 김다혜
교정 | 윤정숙

기획편집팀 | 김혜연 이정아 박은영 오민정 허문선 송현경 박지영   저작권팀 | 정선주
마케팅팀 | 김동준 이주형 김혜민 김은지 정지연   디자인팀 | 김현철
경영지원팀 | 노강희 윤현성 정헌준 조샘 김기현 최지은
강연팀 | 장진항 조은빛 강유정 신유리

펴낸곳 | ㈜인플루엔셜
출판신고 | 2012년 5월 18일 제300-2012-1043호
주소 | (06040) 서울특별시 강남구 도산대로 156 제이콘텐트리빌딩 7층
전화 | 02)720-1034(기획편집) 02)720-1024(마케팅) 02)720-1042(강연섭외)
팩스 | 02)720-1043   전자우편 | books@influential.co.kr
홈페이지 | www.influential.co.kr

ⓒ 박종훈, 2020
ISBN 979-11-91056-17-4 (03320)